淡海《おうみ》文庫 66

サンライズ出版

京都地名研究会 編著

近江の地名

その由来と変遷

はじめに

「近江」という地名は、人々の心の中に潜む旅情を揺り起こす力を持っている。

行く春を近江の人と惜しみける

元禄四年（一六九一）、松尾芭蕉が、故郷伊賀から二か月ぶりに大津にやってきた時の句とされる。『去来抄』によれば、芭蕉の早くからの弟子、尚白《しょうはく》が「近江は丹波にも、行春は行歳にもふるべし」と難じたという。師から意見を求められた去来は、尚白の非難を否定し、「湖水朦朧として春をおしむに便有《たよりある》べし」と答える。我が意を得た芭蕉は「古人も此《この》国に春を愛する事、おさおさ都におとらざる物を」と、殊更に喜んだとある。

去来が晩春の湖国の風景を理由にしたのに対し、わざわざ「古人も」と言い足した芭蕉の目は、遠く近江京の人々をも思い浮かべていたにちがいない。

地名は特定の地域を指す単なる記号ではなく、その土地の歴史や文化を丸ごと背負っている存在でもある。地名研究の第一歩は、その歴史を紐解くことであろう。

しかし、地名研究の面白さは、その先にもある。荒れ果てた近江京を訪れた柿本人麻呂は「ささなみの志賀の辛崎《さき》幸くあれど大宮人の船待ちかねつ」(『万葉集』)と詠んだ。「辛崎」は「唐崎」のことで、語源を「渡来系の人々も多く住んでいた、突き出た地形」と理解すると、大友氏・穴太氏・志賀氏など、当時の新しい技術と知識を持った渡来系の人たちが多く住む、時代の先端をいくかつての近江京の光景が目に浮かんでくる。また、安土・近江八幡・彦根の各城下町の町名を比べると、近世城下町への町割りの発展史も見えてくる。塩津という地名からは、日本海と都とを繋ぐ塩の道が浮かび上がってくる。竜王山という山名から、農民たちの雨乞いを願う切実な声も聞こえてくる。

守山市には「浮気《ふけ》」という珍しい表記の地名がある。フケは全国に見られる地名で、低湿地や泥田を表す事が多い。当地もかつては野洲川の伏流水が至る所から湧いていた低湿地だったので、常に水気が浮遊する様子から「浮気」という漢字を当てたのであろう。しかし、他の地方では「泓・深泥・沮沢・富家」などの字も当てられており、漢字からだけで語源を探ることは出来ない。

和銅六年(七一三)、『風土記』編纂の詔勅が出た時、国や郡の名などは「嘉字(好字)二字」で表せとの指示が出された。そのため、「泉」・「紀」が「和泉」・「紀伊」と表記されるようになる。近淡海・遠淡海は近江・遠江と短縮されて表記された。短縮方法も、錦織部が錦織、服織部が服部となるなど、地名によって異なっていた。また、斧《よき》という殆ど死語になっている語が斧磨（よきとぎ）という地名に残っていることもあれば、阿閉（あつじ）や小田（やないだ）など、簡単に読めない難読地名も存在する。

地名は古代の姿をそのまま伝えているとは簡単に言えないのである。それぞれの地名そのものの歴史を解きほぐしていくことも、大変難しい課題ではあるが、これも地名研究の楽しみの一つと言えよう。

本書は、多様で豊かな近江の歴史と文化を、地名という窓から眺めなおす意図で編纂した。本書を通じて、郷土の地名への関心を高め、近江の魅力をより一層豊かなものに感じていただければ幸いである。

執筆者は全員、京都地名研究会の会員である。末筆ながら、本会創立二〇周年の節目を迎える年にこのような出版の機会をいただいたことを感謝申し上げたい。

京都地名研究会会長　小寺慶昭

目次

はじめに
第1章 近江の行政地名の確立と整備 …… 11
第2章 近江の河川と野の名 …… 24
第3章 木簡に見られる近江の古代地名 …… 35
第4章 近江の渡来人居住地の地名 …… 48
第5章 近江の旧都・古代官衙ゆかりの地名 …… 60
第6章 近江の歌枕 …… 75
第7章 近江の伝説と地名 …… 86
第8章 近江の山岳信仰ゆかりの地名 …… 98
第9章 佐々木氏ゆかりの地名 …… 111
第10章 近江の水運と津地名 …… 124
第11章 信長・光秀・秀吉ゆかりの地名 …… 136

第12章　近江の城下町と町名……149
第13章　近江の街道名と宿場名……158
第14章　大津百町……174
第15章　近江の難読地名……189
あとがき

コラム

条里制ゆかりの地名　23
思子淵信仰　34
近江と継体天皇　47
膳所と御厨地名　59
近江の峠名　109
『平家物語』山吹その後　122
紫式部と塩津山　135
雨乞いと地名　147
芥川龍之介「芋粥」の道　172
近江八景と琵琶湖　187
明治以降の市町村合併　202

主な参考文献
執筆者紹介
索引

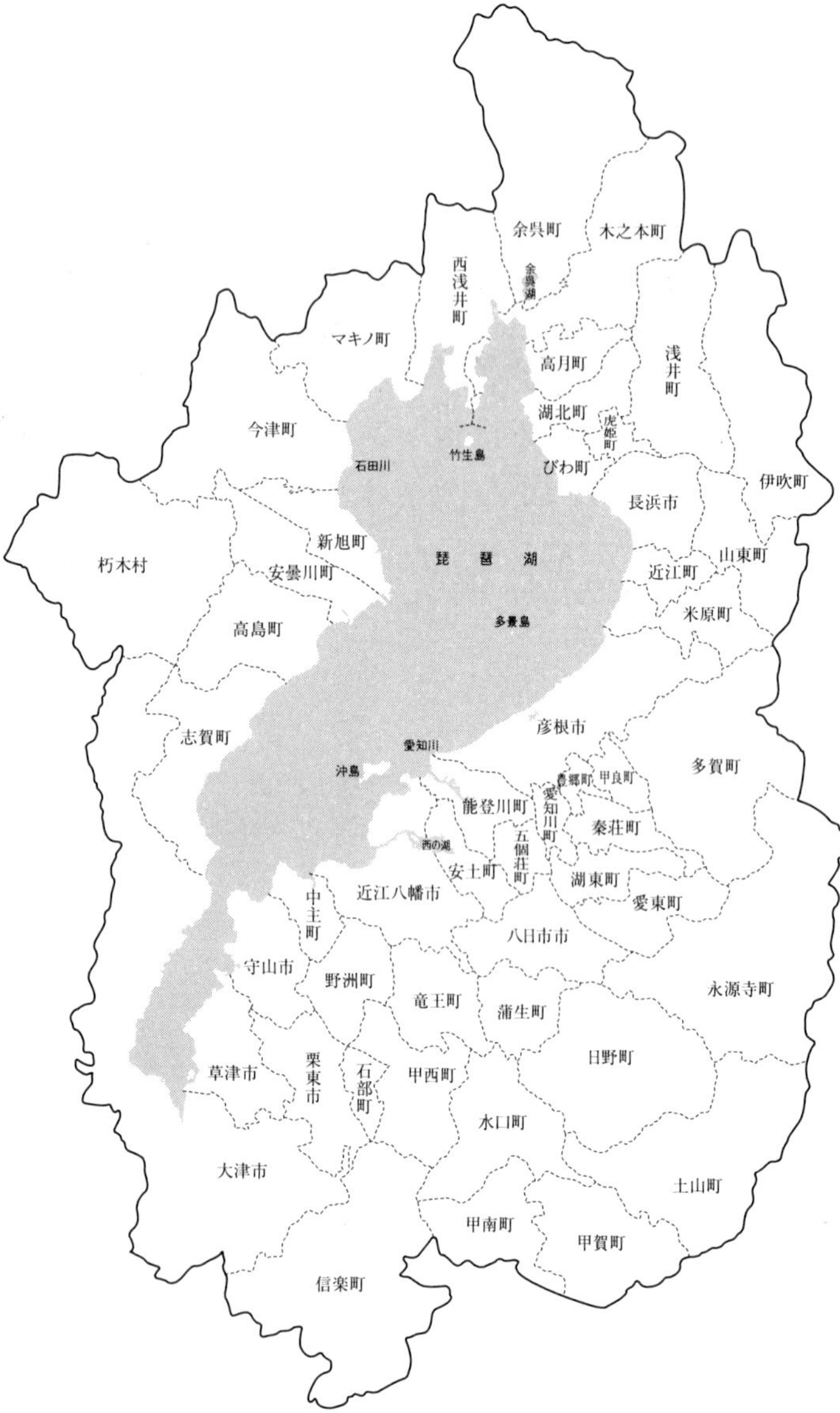
余呉町
木之本町
西浅井町
余呉湖
マキノ町
高月町
浅井町
湖北町
虎姫町
今津町
竹生島
石田川
びわ町
伊吹町
長浜市
朽木村
新旭町
琵琶湖
山東町
安曇川町
近江町
米原町
多景島
高島町
彦根市
志賀町
愛知川
多賀町
沖島
豊郷町
甲良町
能登川町
愛知川町
秦荘町
五個荘町
西の湖
安土町
湖東町
中主町
近江八幡市
愛東町
八日市市
守山市
野洲町
竜王町
蒲生町
永源寺町
日野町
栗東市
草津市
石部町
甲西町
水口町
大津市
土山町
甲南町
甲賀町
信楽町

平成大合併前の市町村

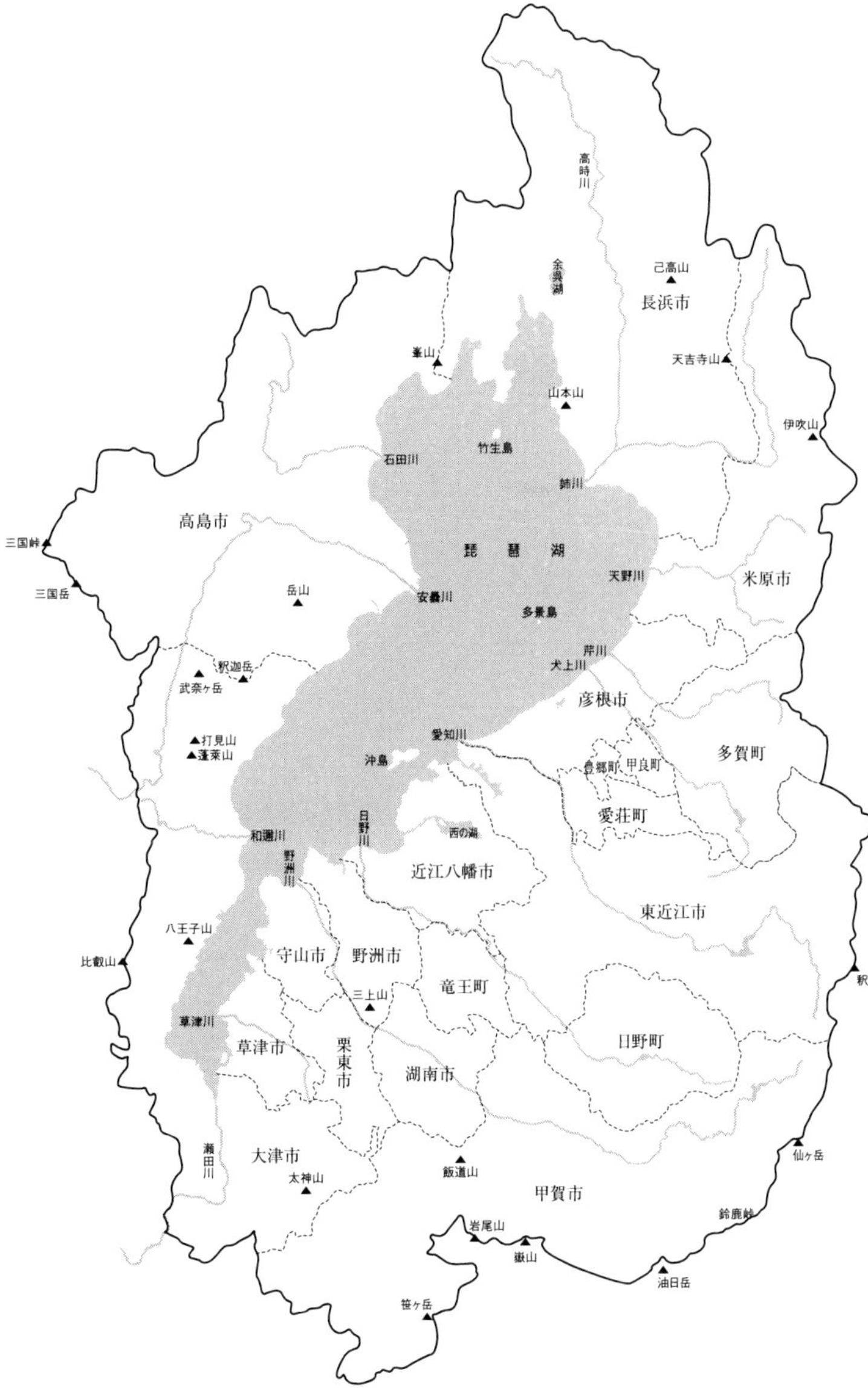

高時川
余呉湖
己高山
長浜市
峯山
天吉寺山
山本山
伊吹山
竹生島
石田川
姉川
高島市
三国峠
琵琶湖
天野川
米原市
三国岳
岳山
安曇川
多景島
芹川
犬上川
釈迦岳
武奈ヶ岳
彦根市
打見山
蓬莱山
愛知川
沖島
豊郷町
甲良町
多賀町
愛荘町
日野川
西の湖
和邇川
近江八幡市
野洲川
東近江市
八王子山
比叡山
守山市
野洲市
竜王町
釈迦ヶ岳
三上山
草津川
日野町
草津市
栗東市
湖南市
瀬田川
大津市
飯道山
仙ヶ岳
太神山
甲賀市
鈴鹿峠
岩尾山
油日岳
笹ヶ岳

滋賀県の主な山と川

第1章　近江の行政地名の確立と整備

律令制と「風土記」編纂

大和の王権は、地方分権の状況から中央集権化を目指し、各地の領地を掌握し統治するために律令制を導入した。そのためには、すでに地方分権の時代から必要に応じて定着していた地名を活用して、各地の行政地名を整備することが課題の要の一つであった。和銅六年（七一三）の詔勅によって各国で編纂された、いわゆる「風土記」は、その制作の目的の一つに「嘉字（好字）を用いて郡郷名を記すこと」（あわせて地名の由来も）を唱っており、各地の行政地名を体系的に知る上で資料的に価値の高いものになるはずであった。しかし、残念ながら、残存する「風土記」は『出雲国風土記』を始め五国のものに限り、あとは「近江国風土記」始め、逸文として残るだけである。それ故全国規模で各地の行政地名が組織的体系的に確認できるのは、平安時代十世紀前中期に源順が編纂した『和名類聚抄《わみょうるいじゅしょう》』（二十巻本・以下『和名抄《わみょうしょう》』と記す）まで待たねばならない。ところが、昭和三十六

（一九六一）年の大量の木簡発見以来、次々と発掘される木簡類が、『和名抄』、さらには「風土記」をも遡り得る当該「地名」の初出例となるなど、地名研究にとって貴重な資料群となってきたのである。多くの木簡が荷物の発送元の「地名」等を記した荷札であったからである。

「国」から「県」へ――近江と滋賀――

「くに」という一定の地域空間を指す普通名詞は、特定の首長が支配する領地をさして、古来様々な使い方がされてきた。『後漢書』が倭を「百余国」（一世紀頃?）からなると記し、いわゆる「魏志倭人伝」にみる「邪馬台国」や「投馬国」など、中国で「国」の字を当てたものを「くに」と訓んできた。また、「山城国風土記」逸文には宇治を「許国《このくに》」と称したとあり、別に「弟国（後の乙訓《おとくに》）」もある。近江国にも「愛知郡大国（郷）」（『和名抄』）と「国」で表記する地名がある。一方「倭国」「大和国」は今の「日本国」相当のレベルの「くに」概念である。

ところで、律令制のもと各地を統治する上で整備された行政地名は、大化の改新後、いわゆる国名とその領域が確立したと言われ、後に「国郡郷」制と言われる体系が敷かれることになった。そして王権（朝廷）が直接向き合う各地の単位が「国《くに》」と称された。それは明治になって廃藩置県の機会に廃止されるまで続いたが、今は「旧国名」と言う。「近江（国）」はその一つであった。そして「近江国」は「滋賀県」となっている。

国名としての「**近江**」は、旧丹波国のように郡郷名を国名にも用いたというケース（例…「丹波国丹波郡丹波郷」など）ではなく、大和政権から見ての命名による国名であったようで、国名「近江」は本来「ちかつあふみ」と読み、「近淡海」と表記された地名であった。「淡海」（あはうみ→あふみ→おうみ）は琵琶湖のことを意味したが、同じ「淡海」である浜名湖を「遠淡海《とほつあふみ》」とする国が「遠江《とおとうみ》（国）」と命名されたのに対して、大和に「近い（淡海の国）」と認識されていたことを意味している。「近江」という表記は二文字化政策に依るものであろう。読み方も「あふみ（おうみ）」と簡略になり、この呼称に「近」の意味は反映されていない。

廃藩置県によって、国名に代わって県名が定められることになった。当初は「大津県」と呼ばれたが、後「**滋賀**（県）」に定まった。県庁が所在する旧郡名「滋賀（郡）」を採用したことになる。『和名抄』高山寺本は「滋賀」とし、大東急本、刊本は「志賀」と表記。その他「志我」「四賀」「斯我」などがあり、木簡では「志賀郡錦…」「慈賀郡大友…」と表記している（以下「木簡」は奈良文化財研究所の「木簡データベース」で検索したもの・検

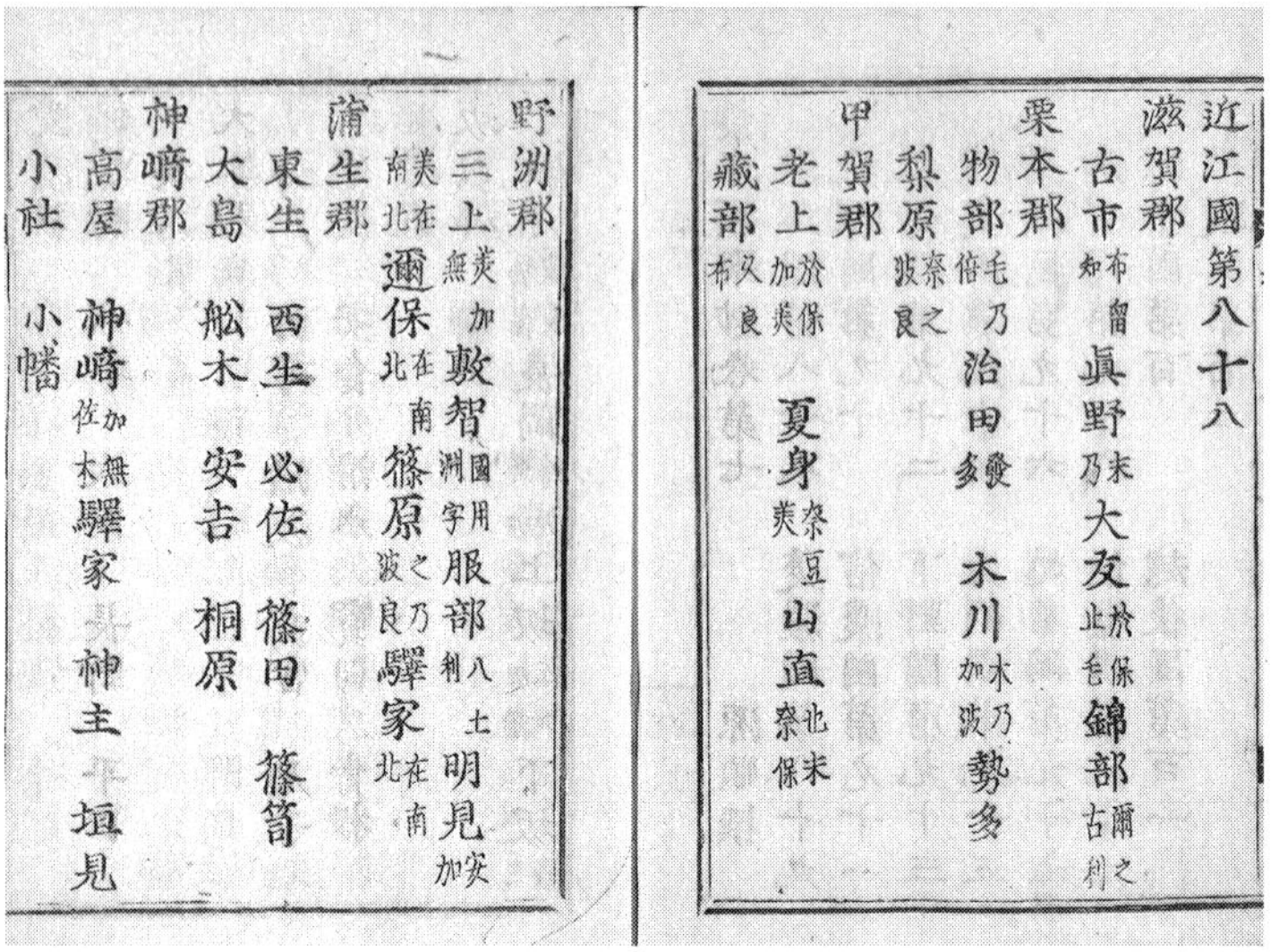
近江國第八十八
滋賀郡 古市 布留知 眞野 末乃 大友 於保止毛 錦部 爾之古利
栗本郡 物部 毛乃倍 治田 波利多 木川 木乃加波 勢多
梨原 奈之波良
甲賀郡 老上 於保加美 夏身 奈豆美 山直 也末奈保
蔵部 久良布
野洲郡 三上 美加無 敷智 國用洲字 服部 八土利 明見 安加美
邇保 篠原 之乃波良 驛家
蒲生郡 東生 西生 必佐 篠田 篠笥
大島 舩木 安吉 桐原
神崎郡 高屋 神崎 加無佐木 驛家 神主 垣見
小社 小幡

『和名類聚抄』元和３(1618)年版　近江国部分(国立国会図書館蔵)

索ワードは「近江国」)。いずれも音仮名の万葉仮名表記で「シガ」という音を伝えるのが第一目的ではあるが、同じことならと、特に「志賀」や「滋賀」などは嘉字を選んでいることは明白である。しかし、用いられた漢字の意味は、地名「しが」という和語の意味とは直接の関係はない(とまずは認識すべきである)。では「しが」とはどんな意味だったのか。「しが」は、瀬田川の右岸を含み琵琶湖の南西部に当たる地域と言える。古くから「石処《いしが》」の意の「しが」と捉える「石の多いところ」という説があるが、楽浪《さざなみ》(細波)のうち寄せる水辺の「しが」は「すが

（洲処・あるいは砂処）」と受け取られた土地であったと見るのが好いであろう。なお、「滋賀、志賀、磯賀、鹿」など「シカ・シガ」のつく地名には「漁業地または漁民をさすものと見てよい」とする説（松尾俊郎）もある。

『和名抄』の国郡郷制と木簡

全国統治を隅々まで行き渡らせるための行政地名の整備と大小の各地名の領域の確定とは、『和名抄』に見る国郡郷制で落ち着いたが、それは大化の改新以降様々な変革を経ての結果である。ここではそうした変革を木簡の事例を用いて確認し、『和名抄』との違いに注目してみたい。なお「木簡」にみる特定の地名の詳しい考察は第3章を参照されたい。

評里制から郡郷制へ　各国は幾つかの「こほり」に分けられていたが、それを元は「評」と書いた。藤原京旧址や飛鳥池遺跡、石神遺跡などから出土する、より古い木簡に多く見られる。「浅井評＊＊里人…」「坂田評歌里人錦織…」がその例。大宝元年（七〇一）以降「郡」と表記されることになる。「こほり（評・郡）」は幾つかの「さと」に分けられていた。当初「さと」は「五十戸」と表記されたが、後に「里」と表記し、「郷・里（郷のもとに「里」を置く）」を経て「郷」と表記するに至る。例えば、「安評御上五十戸…」（後、野洲郡三上郷）。「桑原五十戸…」（高嶋郡）は「高嶋郡・桑原里稲俵」（木簡）と表記され、後には（高嶋郡）桑原郷となる。「里」の例には「犬上郡甲良里子部伊知」、「…（坂）田郡長岡里道守奈」などがある。

『和名抄』には見られない郷名　十世紀前中期編纂の『和名抄』原本で、或いは高山寺本など転写本で記録落ちないし転写落ちしたのか、それともそれまでに行政地名から外されたものなのかの判別がむずかしいが、現在の『和名抄』諸伝本には見られない郷名が木簡では確認されるという例がある（なお近江国の場合「郡名」には異動がない）。

「…下丹生里…」、これが近江国坂田郡の木簡だとすると、『和名抄』に「上丹（郷）」（「かむつにふ」と訓ずる）を挙げているのに、「下丹（郷）」は存在していないが、「上丹」が「上丹生」の二文字化による表記であり、「上・下」の「上」なら、「下丹生（里→郷）」があったとみて当然である。しかも「里」表記の時代で二文字化実施以前の表記であったのなら矛盾はない。

「蒲生（郡）周恵郷春」の「周恵（すえ）」という「さと」名は『和名抄』には見られない。「すえ」が「陶」を意味するなら、天日矛《あめのひぼこ》の「陶人《すえひと》」伝承地と関わる地名で、陶（須恵）器を生産する地域を意味した郷名であったと考えられる（詳細は第4章参照）。「甘作郡雄諸郷舟史廣足」「甘作郡雄諸郷・大津里」という木簡がある。「甘作（郡）」は「神崎」の異表記。

この「雄諸」という「さと」名が『和名抄』には見られない。「おそ」と読まれもするが「おもろ」かもしれない。

西河原森ノ内遺跡（野洲市）出土の木簡「衣知評平留五十戸旦波博士家」から愛知郡（衣知評）に『和名抄』には記録されていない「平留郷（五十戸）」が存在したことが分かる。「へる」と読むが、奈良時代に「覇流村（荘）」があり、一一〇六年の「解」（げ・上部役所への報告書）に「平流」が記されており、近世にも「平流村」（彦根市稲里）が存在している。木簡に「評、五十戸」とあることから古くからあった地名と分かる。

「益珠郡馬道郷石辺玉足」の「益珠（郡）」は「野洲」の異表記。『和名抄』には郷の一つに「駅家（郷）」を挙げているが、これに相当するものと思われる。他にも「馬道里」「馬道郷」と「さと」名が見える。「馬道」が「駅《うまや》」の呼称であったか。また「駅家（郷）」は「駅（うまや）」の二文字化による表記だったとも考えられる。

『和名抄』とは異なる表記の地名

『和名抄』の表記が当該地名の表記として定着したものが多い。地名によっては元から異表記のないものもあるが、地名の音を漢字で表記するにあたり、当初は基準的なものは漠然としていて異表記を複数持つ地名が多い。以上で取り上げた木簡にもすでにその事例があった。「野洲」を「安」や「益珠」と、「三上（郷）」（野洲郡）を「御上」と、また「神崎（郡）」を「甘作」と表記している例など。

「尺太郡穴里大伴志伊俵」の「尺太」は「坂田」の異表記、「穴」は『和名抄』では二文字化して万葉仮名表記の音仮名で「阿那」としている地名。「坂田郡旦女里穴太主寸」の「旦女」は「朝妻」の異表記（訓仮名）で、「印勘郡…遠佐郷」の「印勘」は「伊香」の異表記（音仮名）とみられる。また「阿佐為評」は「浅井郡」の古い表記であり、「浅井」を三文字（万葉仮名による表記）で表記している。

　さて、「足積里旦波史・万呂」（木簡）の「足積里」が、「旦波史」姓の人物の存在からも『和名抄』の近江国高嶋郡善積郷の古称（「郷」でなく「里」とある）と考えられるが、すると課題が残ることになる。「善積」は「よしづみ」と読むが、「足積」は「あしづみ」であろう。天平宝字六年（七六二）の正倉院文書に「高島郡葦積郷」とあり、式内社に「阿志都弥神社」（「あしとみ」と読んでいるが「あしづみ」であろう）とあることから「アシツミとも称したらしい」（平凡社『滋賀県の地名』）と解することを裏付ける「木簡」と言えるのである。植物の「アシ」（葦・芦）は語感を嫌って後世「ヨシ」と呼ぶようになったが、ここもその事例と見ていいのだろうか。もっとも「足積（里）」が「あづみ」と読むべきものだったのなら、伊香郡安曇郷のことども考えられる（「安曇」を「あづみ」と読むとして）。

二文字化政策がもたらした諸問題

元は漢字一文字や三文字（以上）で表された地名も二文字で表記することが求められ、「安（評）」が「野洲（郡）」と、「阿佐為（評）」が「浅井（郡）」と表記された。「穴里」（坂田郡）が「阿那郷」と、「瓦里」（犬上郡）が「甲良郷」と表記された。後者は「河原（郷）」「川原（郷）」とも、また木簡には「犬上郡瓦原郷川背舎」と表記するものがあるが、これは「瓦原」で「かわら」と読むのだとすると、一字による「瓦」を二文字化するために「はら（原）」を加えた、一種の衍字《えんじ》であろう。

木簡に「下丹生里」があることから、『和名抄』坂田郡上丹（郷）の「上丹」が「上丹生」の二文字化による地名と判明することを先に述べたが、同じ坂田郡には「上坂（郷）」「下坂（郷）」があり、それらが木簡には「上坂田郷」「下坂田郷」とする荷札があることから二文字化政策で二文字地名になったものだと分かる。

「**信楽**」（甲賀市信楽町）という地名は郡名でも郷名でもないが、聖武天皇が「しがらき」の地に営んだ離宮「紫香楽宮」（『続日本紀《しょくにほんぎ》』による）と表記した名に由来する地名である。「紫香」は「しが」の音を写した表記だが、嘉字を選んで、しかも仏教思想に由来している用字であることも明らかである。「信楽」の表記は正倉院文書に三例あると言われるが、嘉字を選んで「しがらき」を二文字化した表記で、一説に仏教用語「信楽《しんぎょう》」を意識したものという説がある。「信」で「しが」を「楽」で「らき」を表示する用字法を「二合仮名」（漢字一字の音で日本語の二音節を表す場合）と言う。

「都宇《つう》」（浅井郡の郷の一つ）は長浜市湖北町津里《つのさと》に比定されているように、「都宇」は本来「つ」と読むのであろう。意味は「津《つ》」（港の意）であったか。「き」の国を「紀伊」の国と、また「つ」の国を「摂津」の国と表記したように、一音節の和語地名も二文字化政策に応じて二文字化したが、「都宇」もその例に当たる。

「角野《つの》（郷）」（高島市今津町、『和名抄』高島郡の郷の一つ）、『和名抄』大東急本、刊本で「ツノ」と訓ずる。文献的にも『続日本紀』には当郷に関わる氏族として「角氏」が見え、治暦四年（一〇六八）の「太政官牒」に「南限角河并山峯」と「角河」があり、式内社に「津野《つの》神社」が有ることから、地名としては本来「つの」であったと判断できる。「角」の字だけで「つの」を表せるが、二文字化政策に合わせて、「つの」の「の」を繰り返し「野」の字を添えて二文字化したのであろう。「いずみ」は「泉」の一字で済むが、「和泉（国）」や山城国相楽郡の「水泉（郷）」などの二文字を「いずみ」と読む類いの例に同じ。

なお、二文字化の典型地名「錦部」「服部」については、第15章を参照されたい。

難解な二音節地名

地名の二文字化政策によって、漢字一字で「安」と表記していた地名も「野洲」と二文字化されたが、二音節の和語地名は多くが万葉仮名の二文字で表記され、地名の「音」だけを伝える事例が殆どである。それには、用字法として漢字の音を借りる「音仮名」と、漢字の意味に対応する和語の「音」だけを借りる「訓仮名」(「三」の字を和語「み」の音だけを借りて「み」と読む場合など)とがあった。例えば「滋賀(郡)」は音仮名表記だが、滋賀郡中の郷名「真野・大友・錦部・古市《ふるち》」は全て漢字を訓読みで用いている。二音節地名ではあるが、「真野」の表記も訓仮名によっている。大阪の「梅田」は訓読みだが、語源は「埋めた田」の意と言われるように、訓読みだからといってそれが即地名の語源を伝えているとは言えない。しかも「梅田」のように嘉字(好字)に換えられていることもある。訓仮名による表記の「地名」についてはは慎重に対処すべきであろう。

二音節の和語地名は、古い地名に多いようであるが、これについて柳田國男が次のように述べている。「巨勢とか能勢とか須磨とか那須とか云ふ類の二音の意味不明な地名が幾種もある。国郡郷名にも倭名抄以前からのもので、余程こじつけないと説明のならぬものに、是亦同様に二音のものが多い」(『地名の研究』)と。

『和名抄』近江国の郡郷名で二音節地名は、「野洲」のように音（野）・訓（洲）交用で表記された例もあるが、多くが「音仮名」によっており、当てられた漢字は地名の語源を追究する上で殆ど役に立たない。但し、幾つかは「八木（郷）」（愛知郡）、「木津（郷）」「三尾（郷）」（ともに高嶋郡）など訓仮名によるものがあり、当時の人々の当該地名の意味の受け取り方を伝えているかも知れない。一音節の和語を合成して二音節の地名となったと受け取っていることを意味していよう。

さて、「**真野**（郷）」（滋賀郡、現大津市）も訓仮名で、文字通りなら、「真の、中心の野」の意の地名となる。同じ滋賀郡でも他の郷には渡来系の氏族の居住が目立つのと対照的に、真野郷は遺称地とされる、現在の大津市真野を中心とする領域の郷で「和邇」や「小野」などの地名から和邇氏系の氏族の居住地であったことが分かる。つまり古い時代からの在地勢力の居住地であったとみられる。つまり「真の、中心の野」であった。「の（野）」は、「さと（里）」と「やま（山）」の間に位置する空間域を指し、人々が生活上開いた土地であることが多い。そういう土地には、地名をつけて「春日野」「深草野」と呼ばれることもあった。なお、二音節地名「愛知（郡）」「阿那（郷）・穴（里）」（坂田郡）及び「穴太」（大津市）については、第4章を参照されたい。

（糸井通浩）

条里制ゆかりの地名

近江は古代から一貫して豊饒の地であり、条里制ゆかりの地名も多く見られる。

条里制開発は、開墾者に三世代まで墾田私有化を認める意図で、養老七年（七二三）に出された三世一身法以後に進行したという。それ以前の条里制は、古地割系統の条里制として、区別している。以下、いくつかの例を見てみる。

口分田町《くもで》（長浜市）　大宝律令は、公民に六年ごと、男には二段、女にはその三分の二の「口《く》分田《ぶんでん》」を班給する規定であった。当町名はその口分田に由来する。なお、広大な条里区の中の集落で、湖北町旧小谷村から長浜市街地を通り、米原町の北境界に至る二三里を超える条里遺構の中にある。次項の十里町も同条理遺構内にある。

十里町《じゅうり》（長浜市）　町名は坂田郡条里の四条十里に相当する。平安末期に成立した伊勢神宮福永御厨（福永荘）の集落の一部で、福永御厨とされる。町内の小字名に一ノ坪・八ノ坪などの「坪地名」が多く残るとともに、一五町《まち》・一六町・一七町があり、それぞれが条里制の一五～一七坪に対応していることでも注目される。なお、栗東市にも十里という地名があるが、こちらも条里制に由来する。

三十坪《みそつ》（蒲生郡日野町）　日野川と出雲川の合流地点の平野部にあり、三十坪上、三十坪下に分かれている。地名は古代条里の七条二里三十坪にあたることに因む。

一ノ坪（守山市赤野井町）　赤野井は東西の本願寺別院を中心とする寺内町で、一ノ坪、二ノ坪、九ノ坪の条里制数詞坪（坪は里の三六分の一）が遺る。大規模な条里地割の内部に、それとは不整合な古地割系統の条里遺跡が残っている。その理由は、古代にミヤケ（屯倉＝大和朝廷の直轄領）だったことによると考えられ、当地の三宅《みやけ》町という地名がその歴史を伝えている。

（小西宏之）

第2章　近江の河川と野の名

琵琶湖に入る川は一一七本、出る川は一本

一般的に河川や野の名は、その自然の特徴自体や、住民や地域の歴史・文化・生活等との関係が深く、中でも「地名+川・野」の命名の仕方が多くみられる。

このうち河川名は、河川法では源流から河口や合流点までを、基本的に同一名称で表示される。ただし、淀川水系の一部に瀬田川や宇治川の別称があるように、地元に強く認知されている場合は地域河川名で表示される。

滋賀県内には一級河川が五〇九本あり、うち五〇五本が淀川水系に属する(令和元年現在)。五〇五本のうち、琵琶湖に流入する河川は支流を含むと四五一本である。琵琶湖へ直接流入する河川が一一七本を数えるのに対し、自然に流出する河川は瀬田川一本だけであり、他には人工の琵琶湖疏水が存在するのみである。淀川水系以外の一級河川では、一本が県北東部の伊吹山南麓の藤川付近から岐阜県の揖斐川に、三本が県北西部の高島市今

津町の山間部から福井県小浜市に流れ出ており、それらの流域はごく僅かである。

ここではまず、琵琶湖周辺で生産や流通の活動の場を提供してきた川の名について、湖岸の東側に連なる湖北・湖東・湖南の各平野から、西側の湖西への順でみていきたい。

湖北・湖東地域の河川名

姉川《あねがわ》　伊吹山に源をもち湖北の長浜市で琵琶湖に至る。幹川の全長が約三六㎞、草野川や高時川を支流とし、流域面積約六八五㎢を擁する河川で、元亀元年（一五七〇）の姉川の合戦の場としても有名である。「姉」の語源には、草野川などの支流を妹川とみた場合の姉川の意味だとする説があるが、これは文字面からみた俗説であろう。読み方からは、地元で産した土器用粘土「ハニ（埴）」の音が元になり「ハネ」→「アネ」と変化した可能性も否定できないが、『和名抄《わみょうしょう》』にある坂田郡阿那《あな》郷が近くにあったと推定されていることから、地名「阿那」が「アネ」に転訛して、川の名になったとも考えられる。

天野川《あまのがわ》　米原市柏原《かしわばら》に源をもち、米原市で琵琶湖に注ぐ全長約一九㎞の河川で、湖北平野の南部を潤す。流域の地名により、能登瀬川・箕浦《みのうら》川・朝妻川などとも呼ばれた。天野川の「アマ（ノ）」は、付近で類似する主要地名がみられない。古代この流域を本拠地としたのが息長族の一族であり、氏族名を「〃息継ぎが長く〃潜り漁を得意とする海人《あま》」の意味と解釈すれば、これが「アマ」の元になった可能性が高い。

芹川《せりかわ》　霊仙山から発する湖東平野最北部の河川である。彦根築城時に現流路に替えられ、彦根市街の南で琵琶湖に流れ出る。中・下流の大堀町や芹町付近を流れるので、地名を元に大堀川や芹川と呼ばれた。芹は他に芹生（せりう・せりゅう等）という地名があるように、芹が生えた土地を表すと思われる。付近には中世に太秦広隆寺の荘園善理庄《せりのしょう》があったと推定される。本川には歌枕として有名な不知也《いさや》川の比定説がみられる（第6章参照）。

犬上川《いぬかみがわ》　鈴鹿山脈に源を発し芹川の南隣を流れる全長約二七㎞の川である。『和名抄』にも登場する犬上郡を流れることから犬上川となった。付近を治めた稲依別王《いなよりわけのみこ》が人々から「稲神《いなかみ》」と呼ばれ、「稲」がｉｎａ→ｉｎｕと替わり「犬上」になったとする説が有力である。この場合のカミ（神）とカミ（上）とは上代では音韻を異にした別語であったが、平安期に同じ音になったもので、同源語であったと考えられている。なお「犬上」には、襲ってきた大蛇に飼い犬が咬み付き主人を助けたとの伝承もみられる。

愛知川《えちがわ》　鈴鹿山脈に源をもち湖東平野のほぼ中央を下り、東近江市を経て愛荘町・彦根市との境を流れる全長約三八㎞の川である。古くはさらに北側に河口があったと考えられている。川の名は中流部の愛知《えち》郡に因る。「エチ」は衣知・愛智を初め多くの表記がみられる（第4章参照）。本川は、十四世紀の延暦寺関係の文書中に、建久五年（一一九四）に生じた某事件の現場が「愛智河原」であるとして登場する。さらに十五世紀の記録として、「愛智河洪水」の状況（『大乗院寺社雑事記《だいじょういんじしゃぞうじき》』）や「愛智河原」での合戦（『蔭涼軒日録《いんりょうけんにちろく》』）に関する記載がみられることから、中世には河川名として定着していたようである。

日野川　蒲生郡日野町綿向《わたむき》山に源をもち近江八幡市付近で湖東平野の南を流れ琵琶湖に注ぐ全長約四四kmの川である。地名「日野」＋「川」の命名である。現日野町付近には、『日本書紀』に匱迮野《ひつさの》、『和名抄』に「蒲生郡必佐《ひつさ》郷」の記載が、また式内社「比都佐《ひつさ》神社」があり、古くから地名「ヒツサ」があったことが伺えるが、ヒツサの語源は明らかではない。他方、「日野」は十一世紀の文書に東大寺領「日野御牧《みまき》」として登場する。湖東が優良な木材産地であったことを踏まえれば、木製品の櫃《ひつ》や檜物《ひもの》に注目して「ヒ」は檜を表し「ヒノ」を檜の生い茂った野とみる解釈ができる。ただ地名「日野」が先にあったのではなく、「檜の川」という檜を切り出して運ぶ川があって地名の元になったとも考えられる。いずれにしても、古い地名「ヒツサ」と「ヒノ」との関係は明らかではない。なお日野町の始まりは天文三年（一五三四）頃に蒲生氏が築城した中野城の西側に造られた町であり、後にこれを豊臣秀吉が「日野町」と命名したとされている（『近江輿地志略《おうみよちしりゃく》』）。

湖南地域の河川名

野洲川《やすがわ》　湖南平野を流れる全長約六五㎞の川で、琵琶湖に注ぐ河川の中では最長である。川の名の初出は、壬申の乱の際に安河《やすかわ》の浜《ほとり》で激戦があったとする記述(『日本書紀』)で、川の名は「ヤス」を流れる故と考えられる。地名の「ヤス」のヤは、数が多いことを示す「八《や》」と関係し、スは州を指すと考えれば、河口部で大三角州を拡大し、土砂堆積で湖岸を前進させて湖の幅を狭め、湖を二分する狭隘部を作ってきた川の姿に合う。

野洲川は、建設用材を運び出した歴史をもつ。中流部で鈴鹿山系から流れ出る杣《そま》川と合流する。杣は古代の宮都や寺社の造営・修理の用材を確保する山林を指す。伐採後流された材木は、現湖南市甲西町にあった三雲川津で筏に組まれて野洲川を下り、東大寺や石山寺の用材として運ばれた。

湖岸域に広大な沖積地を作り、豊かな農業生産地を形成してきたが、古代の木材伐採による上流の荒廃や下流部の緩勾配から洪水被害が絶えなかった。堤防のかさ上げで天井川が作られてきたが、昭和四十六年(一九七一)から国の直轄事業として南北の分流を廃し、三上山南部から湖岸まで放水路を通す大改修が行われた。

草津川　湖南アルプスの北部域に源をもつ川で、全長は一五㎞と比較的短い。河川名は、地名の「草津」に川が付いたものである。草津の地は古くから東海道と東山道の分岐点として栄えた（第13章参照）。

草津川が有名なのは、長く天井川として草津市街地を分断してきた歴史があるからだ。古くは砂川と呼ばれ、上流の土砂流出に対する治水対策として、川床の土砂を両岸に盛ることで対応し、天井川の独特の景観を作ってきた。しかし、二〇〇二年に廃川化され、広大な河川敷は草津川跡地公園として、市民の憩いや活動の場に大きく生まれ変わった。

瀬田川　湖南にあり琵琶湖から流出する唯一の自然河川で、河川名は東岸にある地域名「瀬田」に因る。瀬田川は湖口より京都府との境までを呼び、宇治川、淀川と名を変え、計七五㎞流れて大阪湾に注ぐ。勢多川などとも記す。「セタ」の意味には諸説みられる。一例にセタの意味を「狭処《せと》」とみて両側に山が迫った所との見方があるが、当地の左岸にある瀬田地域には当てはまらない。『大言海』が示すように「セ（瀬）」を「川水ノ、波ヲ立テテ流ルル所」、「タ（田）」を「耕シテ稲ヲ植エツクル地」とすると、琵琶湖からせせらぎをなしつつ流れ出る川の側に耕地がみられる地と解釈でき、当地の景観と合う。他方「勢多」と表記する場合も、奔流となる本川の特徴を示すと考えられる。「瀬田」・「勢多」とも『和名抄』にみえるように古代から使用されている地名である。特に中世に存在した勢多郷は、現在の大津市大江付近から草津市草津付近までを郷域としており、現在の行政

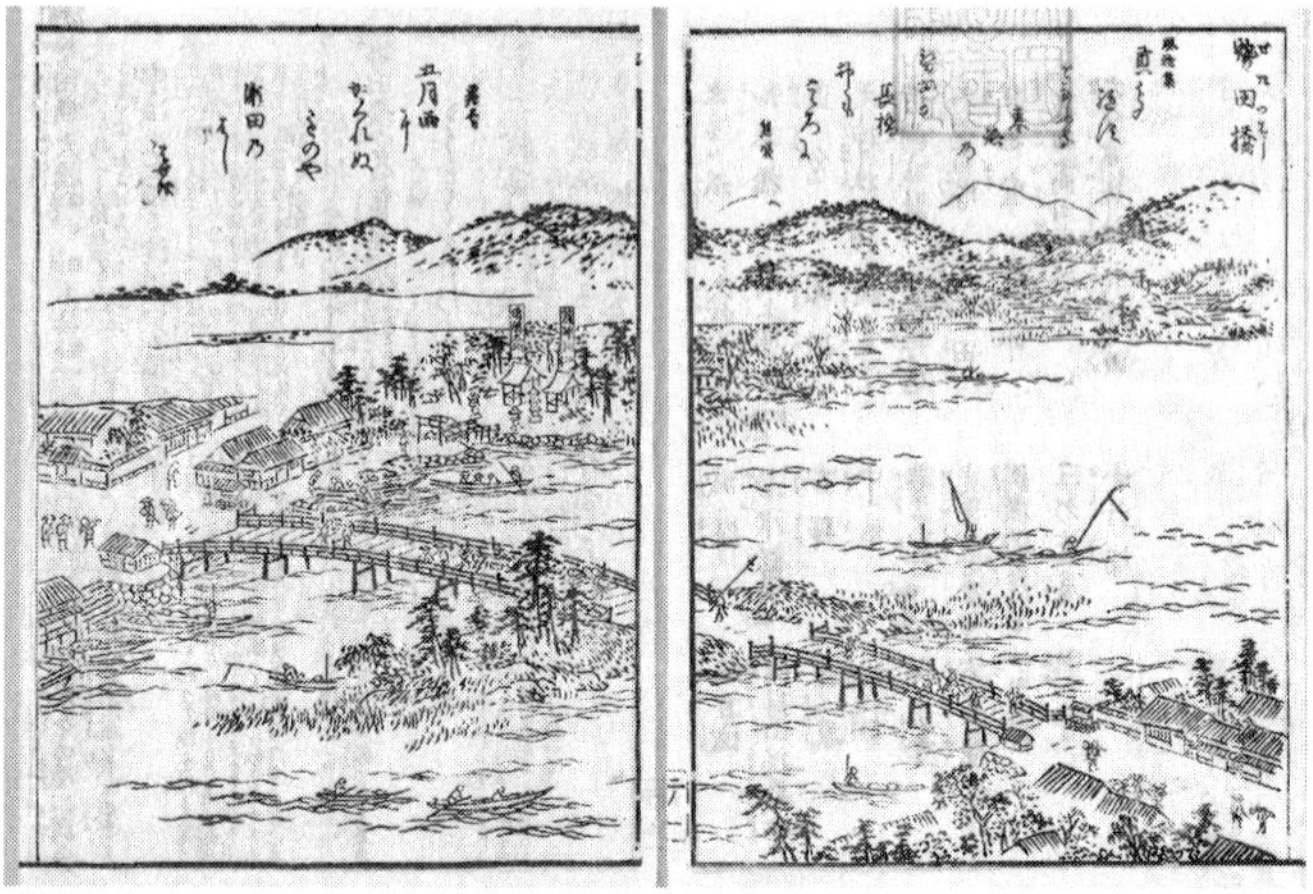

勢多橋『伊勢参宮名所図会５巻』より（国立国会図書館蔵）

地名「瀬田」地区より広いことが分かる。

湖口に当たる勢多（瀬田）は京都への重要な渡河地で、勢多橋は六七二年の壬申の乱以来何度も攻防の地となった。また本川は琵琶湖水運の要となってきた。例えば北陸から奈良盆地への輸送は、湖北の塩津から琵琶湖を縦断し瀬田川—宇治川—旧巨椋池と下り、木津川を遡り木津から平城山を越えた。すでに藤原京造営時には、湖南田上山の材木を瀬田川から搬出して宇治川—木津川経由で送った記録もみられる。

湖西地域の河川名

和邇川《わにがわ》　湖西の南部を流れる川で、花折峠から流れ出し大津市和邇今宿《いまじゅく》で三角州を形成して琵琶湖に注ぐ。「和邇」地域を流れる川という命名である。和邇の名は五～六世紀に大和政権で重きをなした豪族和邇氏に因む。この和邇氏系の氏族が和邇川の南の滋賀郡真野《まの》郷に住み、真野氏を名乗り、同族の小野氏もこの付近に本拠地を築いたとされ、和邇氏の居住地として地名化した。当地は水陸交通の要地で、湖西を通過した北陸道に設けられた「和邇駅」（『延喜式』）は、本川との横断地付近にあったと推定されている。

安曇川《あどがわ》　京都府の百井峠《ももい》付近を源とし比良山地の西側を北流し、高島市朽木市場《くつきいちば》付近で東流した後、同市安曇川町で琵琶湖に注ぐ全長約五八㎞の湖西第一の川である。京都府内では百井川、花折トンネル西側で滋賀県に入ると葛川《かつらがわ》、下流部で安曇川となる。

北北東に延びる葛川谷、それに続く朽木谷は花折断層に沿う急峻なV字谷となっており、「アド」はアツやアヅなど崖地や傾斜地を示す地名に共通するとされる。これによれば安曇川は「自然の地形＋川」の命名の形になる。また『万葉集』では「アド」に「阿渡・阿戸」などを当てている。「安曇」とも表したことから、九州から全国に移り住んだ古代海人族である安曇氏に関わるとの見方もある。この説は、安曇氏居住の証として、湖北に伊香郡安曇郷の記載がみられる（『和名抄』）ことにも後押しされている。

安曇川の流域は木材の良好な産地となっており、奈良時代には東大寺の建設にも使用されたとも伝わる。古代から昭和の初めに至るまで、木材が組まれた筏やその上に載せられた薪炭が下される情景は有名であり、河口の安曇川町舟木では材木商が店を並べていた。

琵琶湖の東西にみられる野の名

琵琶湖に注ぐ多くの河川は、扇状地や三角州など広大な沖積地を形成することで農業生産の場を提供してきた。しかし平地であっても河川から水の供給を受けられず、農業には不利な環境となってきた土地がある。その代表が湖東の蒲生野《がもうの》と湖西の饗庭野《あいばの》である。

蒲生野　地名「蒲生」に「野」が付いた地名である。『万葉集』にある額田王の有名な歌「あかねさす紫野行き標野《しめの》行き野守は見ずや君が袖振る」に、標野として登場する。「シメ」は領有を示すために縄などを張ることをいい、『日本書紀』の天智天皇七年（六六八）五月五日条の「天皇、蒲生野に縦猟したまふ」にあるように、蒲生野は皇室の猟場であり薬草場ともなっていた。「蒲生」は『和名抄』に蒲生郡として登場する。この郡名はガマが多く群生したところに因るという。ガマからは蒲黄《ほおう》という薬が採れる。

蒲生野は先にあげた愛知川の左岸一帯で、旧八日市市、竜王町、日野町、近江八幡市にかけて広がっていた。野としての名残は、近江八幡市安土町西端に当たる内野や、東近江市の旧永源寺町西端にある市原野町等の地名にみられる。また旧八日市市と近江八幡市の境にある船岡山には「万葉の森」が整備されて額田王の歌碑が建てられており、古の蒲生野を想起させている。

饗庭野　これも地名「饗庭」＋「野」の形の地名である。饗庭野は、琵琶湖西岸の高島市新旭町・今津町の山麓を中心にして、東西約八㎞、南北約五㎞、面積が約三八㎢で、二〇〇～二四〇〇mの標高をもつ平坦面をさす。

「アイバ」（饗庭）は「アヘ（エ）ニハ」（饗庭）が変化したものと考えられる。饗庭の地には元々延暦寺領の木津庄《こうつのしょう》があったが、十六世紀頃からは饗庭荘となったようである。饗庭には「客にごちそうを出してもてなすところ」の意味がある。のちに朝廷や神社への供物や食料品をさしだす御厨《みくりや》と同様な土地のことを示すようになり、各地に地名として残されている。しかし当地は耕地に不向きな土地柄であることから、この解釈をそのまま当てはめるのは難しいようである。

水利が悪くて耕地としては利用が難しく採草用の土地となってきたが、明治十九年（一八八六）に陸軍砲兵隊の演習場とするため饗庭野の多くが陸軍省に買収された。演習場は戦後在日米軍の基地を経て、現在は陸上自衛隊饗庭野演習場となっている。

（岩田　貢）

思子淵信仰

安曇川及びその支流（久多川・針畑川・北川）流域にシコブチ社が散在している。シコブチの表記は思古淵・志子渕・信興淵・色佛等々、多様であり、全国的に見てもこの地域にしか見られない極めて珍しい信仰である。

俗に「思子淵七社」といわれるが、久多（京都市左京区）・坂下・坊村・梅の木（以上大津市）小川・岩瀬（高島市朽木）・中野（同安曇川町）を初め、十社を超す祠がある。地元の人々には、「しこぶっつぁん」として親しまれてきた。

『朽木村志』によると、昔、シコブチガミが筏に息子を乗せて川を下っていると、途中で筏が止まり、息子の姿も見えなくなった。探すと金山淵の底に、河童が息子を抱えて潜んでいた。シコブチガミが息子を救い、再び筏を流すと、赤壁という淵で河童がまた同じ悪戯をした。腹を立てたシコブチガミは河童を捕え、二度と筏師に危害を加えない事を誓わせたという。よく似た話が各シコブチ社に伝わる。つまり、安曇川で筏流しをしていた人々を守る信仰であることが分かる。

シコブチの名を、天武天皇に仕えた「忌部色《いんべのしこ》夫知《ぶち》（色弗）」に求める説もあるが、これは後に附会した説であろう。「ブチ」を「淵・渕」の濁音化と考えると「シコ」が問題となる。

シコは古い言葉で、「大君の醜《しこ》の御楯《みたて》」（『万葉集』）・「葦原色許男神《あしはらのしこをのかみ》」（『古事記』大国主命の異称）等の例がある。「醜」を醜悪・凶悪の意味とする橋本鉄男は「気味の悪い、恐ろしい淵」と説く（『日本の神々』）。しかし、葦原色許男神を「甚《いと》麗しき神」（『記』）と表現していることからも、否定的な表現とはとりにくい。既に折口信夫や山崎良幸が指摘しているように「荒々しい・たくましい・強靭な」と賛美する表現と理解するべきであろう。つまり、シコブチガミは「異界に通じるような素晴らしい淵を多く持つ川から筏乗りを守ってくれる神」という意味と思われる。

（小寺慶昭）

第3章　木簡に見られる近江の古代地名

古代近江と木簡

「木簡」とは、文字を書くことを目的とした木片に、文字を書いたものをいう。木簡は基本的には文書木簡と付札木簡とその他（習字・落書等）とに分類される。日本での木簡は昭和三十六年（一九六二）、平城宮跡北部の大膳職推定地から四十一点の出土以来、平城京・藤原京等の宮都のみでなく、全国各地の地方役所・集落跡等からの出土が相次ぎ、近代の木簡をも含めると既に四〇万点以上の出土例が確認されていると言われる。これら出土木簡は、日本史学・東洋史学・国語学・国文学等々の研究資料・史料として重要な役割を果たしている。二〇一七年には三一八四点の木簡が「国宝平城宮跡出土木簡」として指定されたことでも、木簡の学術的価値の高さの伺われるところである。国宝指定木簡の中には、例えば次に示すように、近江の国で農業に従事していた「伊刀古麻呂」「大宅女」の二人が藤原京に行くときに発給された通行証である過所木簡も含まれており、不要となった時点で廃棄されたものであろう(下ッ道両側溝から出土)。

(表)関々司前解近江国蒲生郡阿伎里人大初上阿□勝足石許田作人

(裏)同伊刀古麻呂　大宅女 右二人 左京小治町大初上笠阿曽弥安戸人右二
送行乎我都 鹿毛牡馬 歳七 里長尾治都留伎

(『平城宮木簡』二)

ところで、平成七年の大津市歴史博物館の開館五周年記念企画展「近江の古代を掘る—土に刻まれた歴史」展、平成二十年の安土城考古博物館の開館十五周年第36回企画展「古代地方木簡の世紀—文字資料から見た古代の近江」展、近時のMIHO MUSEUMの「紫香楽宮と甲賀の神仏」展は、いずれも有意なものであった。

二〇一一年末での近江出土木簡は、一万点(六十四遺跡)に及ぶ。このうち古代木簡は七五〇〇点(三十五遺跡)を数えると言われる。

多義にわたる木簡の内容

前項で示した過所木簡は、「関々司前解」の様に「前解」とあり、「前白」よりも新しい書式であることで平城京への遷都以前の藤原京時代のものであることが判る等、日本史学の史料として有意なものである。

ここでは史学以外での視点で特筆すべき二例を示す。その一つは、大津市**北大津遺跡**出土の大津宮時代の「音義木簡」である。当該木簡には、「鏶」字に「汙《う》ツ」、「賛」字に「田須久《たすく》」、「慕」字に「尼我布《ねがふ》」、「誈」字に「阿佐ム加ム移母《あざむかむやも》」、「鎧」字に「与里《よろ》□《「比」カ》」、「□」字に「参須羅不《さすらふ》」、「體」字に「ツ久羅布《つくらふ》」、「檟」字に「久皮之《くはし》」、「費」字に「阿《あ》□《「多」カ》□《「比」カ》」等々の漢字の訓注、「釆」字の「取」・「披」字の「開」等々の漢字の義注が書かれている。当時の漢籍の学習の一端の見られる、いわゆる一種の字書である。

今一つは、**紫香楽宮跡**（宮町遺跡）から出土した「奈迩波ツ尓《なにはつに》「　　」□夜己能波《やこのは》□由《ゆ》□「　　」」「阿佐可夜《あさかや》「　　」「　　」流夜真《るやま》「　　」」と表裏に墨書された木簡である。発見当時、「万葉集の歌木簡初確認」「『安積山の歌』墨書、裏に古今集『難波津』」（京都新聞）、「万葉歌初の木簡」「八世

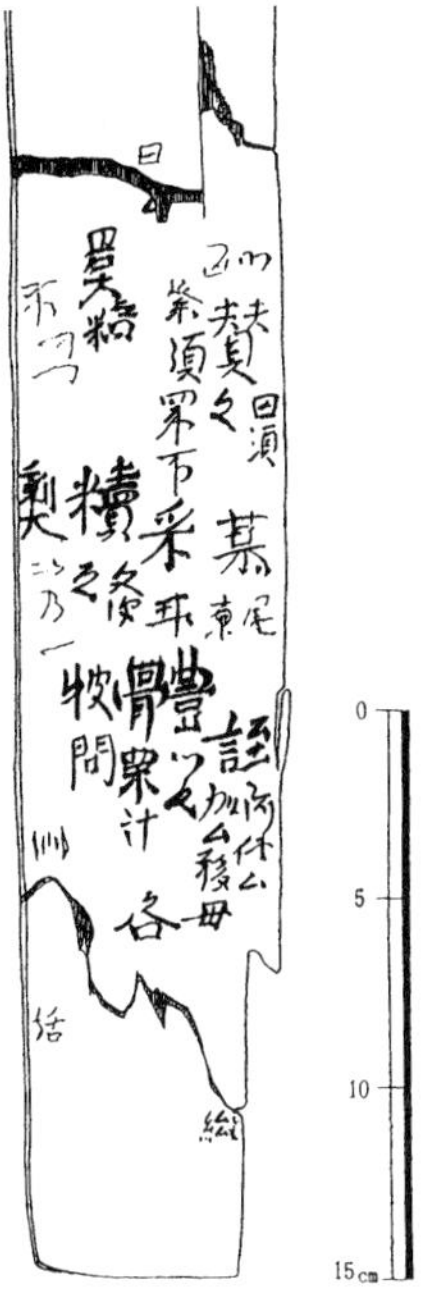

北大津遺跡出土音義木簡の部分を模写
（滋賀県立安土城考古博物館提供）

紀に『和歌の父母』成立史見直し迫る」（毎日新聞）等々各種の新聞の見出しを賑わしたものである。「あさかやまの歌」と「なにはつの歌」とのセットは、『古今和歌集』の仮名序の記述よりも一五〇年以上以前であることが確認されたことになる。

この二点の木簡は国語学・国文学研究での貴重な史料である。

木簡・墨書土器記載の情報の一側面

律令制度が機能し始めるに従って、文字の使用が頻繁になるが、七世紀末以降、木簡・墨書土器・線刻（箆書）土器といった文字史料の出土が急増する。前項で示したような情報量の多い物もあるが、多くの場合、土器・木簡の破片であることでまとまった情報ではない場合も多い。しかし、1、地名（「野洲郡」（守山市・益須寺遺跡出土箆書土器）・「伊香□（郡カ）」（長浜市・十里町遺跡出土墨書土器））、2、人名（「宮万呂」（大津市・上高砂遺跡出土墨書土器）・「角鹿」（高島郡・日置前遺跡出土墨書土器））、3、施設名（「越殿」（守山市・笠原南遺跡墨書土器）、「宮殿」（守山市・川原田遺跡墨書土器））、4、役職名・官職名（「田司」（蒲生町・杉ノ木遺跡墨書土器）、「神主家」（中主町・西河原森ノ内遺跡墨書土器））等々を知り得る点は貴重である。他、物品名・種々の助数詞等も知られる。

本稿は木簡に見られる古代近江国の地名について、その表記・記載内容等についての若干の報告である。

次項の『長岡京木簡』は、財団法人向日市埋蔵文化財センター他の編になるが、他の依拠資料はすべて奈良国立文化財研究所編になるものである。

『倭名類聚抄』所載の近江の地名と木簡

『倭名類聚抄《わみょうるいじゅしょう》』（『倭名類聚抄―元和三年古活字版・二十巻本―』勉誠社）の国郡部近江国の條には、次の十二郡九十二郷里が見られる。

滋賀《志賀》郡―古市《布留知》・真野《末乃》・大友《於保止毛》・錦部《爾之古利》

栗本《久留毛止國府》郡―物部《毛乃倍》・治田《発多》・木川《木乃加波》・勢多・梨原《奈之波良》

甲賀郡―老上《於保加美》・夏身《奈豆美》・山上《也末奈保》・蔵部《久良布》

野洲郡―三上《美加無》・敷智《國用淵字》・服部《八土利》・明見《安加美在南北》・邇保《在南北》・篠原《之乃波良》・驛家《在南北》

蒲生《加萬不》郡―東生・西生・必佐・篠田・篠笥・大島・船木・安吉・桐原

神崎《加無佐岐》郡―高屋・神崎《加無佐木》・驛家・神主・垣見・小社・小幡

愛智《衣知》郡―蚊野・八木・大國・長野・平田・養父
犬上《以奴加三》郡―神戸・田可・沼波・高宮・尼子・甲良・安食・清水・簀田・青根・驛家
坂田《佐加太》郡―大原《於保波良》・長岡《奈加呼加》・上坂《加無佐加》・下坂《之無佐加》・細江《保曽江》・朝妻《安佐都末》・上丹《加無都尓布》
・阿那・驛家
淺井《阿佐井》郡―岡本《乎加毛土》・田根《多保》・湯次《由須木》・大井《於保井》・川道《加波美知》・丁野《與保乃》・錦部《尓之古利》・
速水《波也美》・益田《末須太》・新居《爾比井》・都宇・朝日《阿佐比》・鹽津《之保津》
伊香《伊加古》郡―柏原・安曇・遂佐・楊野・余領・片岡・伊香《伊加古》・大社
高島《太加之萬》郡―神戸・三尾《美乎》・高島《太加之末》・角野《都乃》・木津《古都》・桑原・善積・川上・大處・鞆
結《土毛由比》

以下、『倭名類聚抄』に見られる郡名・郷里名を参考に木簡での用例を類聚する。（同一地名の複数例存する場合、任意の一例のみを示す。異表記の同一地名はこの限りではない。）

栗田郡　・近江國栗田郡［　］（『平城宮木簡』三）
甲賀郡　山直郷　・近江國甲可郡山直郷（『平城宮木簡』七）
野洲郡　爾保郷　・野洲郡爾保郷□［　］（『平城宮発掘調査出土木簡概報』十九）
三上郷　・安評御上五十戸（『飛鳥・藤原宮発掘調査出土木簡概報』十七）
服部郷　・近江國案（安カ）郡□□□□□□□□（服里人従八位上□部カ）

（『平城宮発掘調査出土木簡概報』二十七）

馬道郷　・益珠郡馬道郷石辺足　（『平城宮発掘調査出土木簡概報』十四）

蒲生郡　蒲生郡　・近江國蒲生郡東□□　（『平城宮発掘調査出土木簡概報』三十一）

必佐郷　・必□郷租米五斗　（『長岡京木簡』二）

篠笥郷　・蒲生□（郡カ）　薩□□（々貴山カ）郷民使弓□　（『平城京木簡』一）

西生郷　・蒲生郡西里民忌寸　（『平城宮発掘調査出土木簡概報』二十七）

安吉郷　・関々司前解近江國蒲生郡阿伎里人大初上阿□（伎カ）　勝足石許田作人　（『平城宮木簡』二）

桐原郷　・□（勘カ）　富□（郡カ）　桐原郷□（益カ）　國里　（『平城宮発掘調査出土木簡概報』三十一）

周恵郷　・近江國蒲生□周恵郷春日部　（『平城宮発掘調査出土木簡概報』二十四）

神崎郡　雄諸郷　・甘作郡雄諸郷舟史廣足戸　（『平城宮木簡』七）

小幡郷　・神埼郡小幡郷大豆一石　（『平城宮発掘調査出土木簡概報』三十）

愛智郡　高屋郷　・□前郷高屋里　（『平城宮発掘調査出土木簡概報』六）

・□秦人真田麻呂　近江國愛智郡人　（『平城宮木簡』四）

・依知郡御贄［　　］　（『平城宮発掘調査出土木簡概報』二十一）

犬上郡　甲良郷　・犬上郡□（田カ）　良郷　（『平城京木簡』一）

・犬上郡瓦原郷川背舎□　（『平城京木簡』一）
・川原郷　（『平城京木簡』一）
・犬上郡瓦里川背舎人高市米六斗
（『平城宮発掘調査出土木簡概報』二十七）
田可郷　・□上郡田何郷　（『平城京木簡』一）
尼子郷　・尼子郷戸主物部□□戸□□□□宮□［　］　（『平城宮木簡』二）
安食郷　・食郷□筆□　（『平城宮発掘調査出土木簡概報』十七）

坂田郡

上坂郷　・近江國坂田郡上坂郷戸主県主老戸三戸　（『平城京木簡』三）
上坂郷有蘿里　・坂田郡上坂郷有蘿里戸主坂田老戸　（『平城京木簡』三）
上丹郷　・坂田里上入□　（『平城京木簡』一）
下丹郷　・□□郡下入里文首魚万呂戸俵六戸　（『平城京木簡』一）
・下丹生里□（五カ）　（『平城京木簡』二）
阿那郷　・尺太郡穴里大伴志伊俵　（『平城京木簡』二）
坂田郷沼田里　・坂田郡坂田郷沼田里戸主　（『平城京木簡』）
坂田郷野家里　・坂田郷野家里戸主坂田真人西麻呂
（『平城宮発掘調査出土木簡概報』二十二）

浅井郡

長岡郷　・坂田郡長岡郷□□□　（『平城宮発掘調査出土木簡概報』三十一）

朝妻郷　・坂田郡旦女里穴大主寸□　（『平城宮発掘調査出土木簡概報』二十一）

益田郷　・近江國淺井郡益［　　］　（『平城宮発掘調査出土木簡概報』三十四）

新居郷　・淺井郡新家□（里カ）　（『平城宮発掘調査出土木簡概報』三十四）

速水郷　・近江國淺井郡速水□　（『平城宮発掘調査出土木簡概報』十六）

湯次郷　・淺井評□□（次カ）　里人　（『藤原宮木簡』三）

岡本郷　・近江國淺井郡岡本郷　（『平城宮木簡』七）

川道郷　・淺井郡川道里大友史□□（縣戸カ）庸米六斗　（『平城宮発掘調査出土木簡概報』二十三）

朝日郷　・近江國淺井郡朝［　　］　（『平城宮発掘調査出土木簡概報』三十一）

・［　　］阿佐為評　（『飛鳥・藤原宮発掘調査出土木簡概報』十）

伊香郡

柏原郷　・伊香評柏原　（『飛鳥・藤原宮発掘調査出土木簡概報』十七）

安曇郷　・安曇郷戸主伊香連□人戸白米一俵　（『平城宮木簡』三）

遠佐郷　・近江國印勘郡□□□（遠佐郷カ）　（『平城宮発掘調査出土木簡概報』三十四）

余呉郷　・近江國伊香郡余領郷戸主粟田臣船麻呂戸粟田臣牛麻呂庸米　（『平城宮発掘調査出土木簡概報』三十四）

高島郡
伊香郷　・近江國伊香郡伊香郷［　（『平城宮発掘調査出土木簡概報』十九）
角野郷　・角里山君□□米□斗　（『飛鳥・藤原宮発掘調査出土木簡概報』十七）
籾置郷　・高嶋郡籾置穴太　（『長岡京木簡』一）
木津郷　・近江國高嶋郡木津道守臣大父万呂　（『平城宮木簡』一）
桑原郷　・桑原里稲俵　（『平城宮発掘調査出土木簡概報』二十七）
高嶋郷　・近江國高嶋郡高［　　　］　（『平城宮発掘調査出土木簡概報』十九）
善積郷　・足積里但波史□万呂　（『平城宮発掘調査出土木簡概報』二十七）
大處郡　・大処里□□　（『平城宮発掘調査出土木簡概報』二十七）

（注・「□□…」は欠損文字の字数の確認可能なもの。「［　　　］」は欠損字数の確認不可の場合を示す。）

木簡の複数地名表記・荷札木簡

以上は、木簡に見られる近江の古代地名の一端である。

複数表記地名には次の例が見られる。

一、郡　名　①甲賀郡―甲可郡　②野洲郡―益珠郡・安評・案評　③蒲生郡―勘富郡

④神埼郡—甘作郡・□前郡　⑤愛智郡—依知郡　⑥坂田郡—尺太郡
⑦伊香郡—印勘郡

二、郷里名

①三上郷—御上五十戸　②篠笥郷—薩々貴山郷　③安吉郷—阿伎里
④田可郷—田何郷　⑤甲良郷—川原郷・瓦原郷・瓦里　⑥朝妻郷—旦家□
⑦阿那郷—穴里　⑧新居郷—新家□　⑨朝日郷—阿佐為評
⑩余呉郷—余領郷　⑪角野郷—角里　⑫善積郷—足積里　⑬丹郷—入里

同一地名の複数表記事例は、蒲生—勘富・伊香—印勘・神崎—甘作・野洲—益珠・丹郷—入里等は漢字音の観点、また善積—足積等は語源の観点等の点で興味あるものである。木簡の内容については種々あるが、近江の地名の見られるものの多くは、近江から中央への税の送納の為の荷札木簡である。

1（表）坂田郡上坂郷有蘿里戸主坂田老戸　（裏）庸米三斗　（『平城京木簡』二）
2必□郷祖米五斗　（「祖」は「租」に通用）　（『長岡京木簡』二）
3（表）粟田郡租代銭五　（裏）貫文□□□□□　（『長岡京木簡』一）

1は坂田郡の庸米荷札、2は必佐郡の租米荷札である。3は粟田郡の租銭荷札である。庸は都に運ばれ、大蔵省・民部省などの蔵に貯蔵されるものであるが、1は坂田郡からの庸米の荷札である。租は地方の正倉に貯蔵されるものであるが、2は必佐の国衙に貯蔵される田租が、中央に貢進されたことを示す荷札である。3は「租代銭」の中央への貢進されたことの知られるものである。因みに、銭は普通は調として貢納されるものである。なお、蘇の進上札も見られる。

近江國生蘇三合　（『平城宮木簡』一）

蘇は牛乳一斗を煎じ詰めて蘇一升を作る（『延喜民部式』）が、この場合は三合。正税帳の造蘇進上の記事と比べると、極めて少ない近江國の蘇の進上である。

以上は木簡に見られる近江の古代地名の素描である。米の送納の荷札木簡について、各郡毎に詳細に整理すれば面白い結果が得られるかもしれない。

土の中の世界のロマンである。

二〇〇七年以来、「正倉院展」と同時期に「地下の正倉院展」（奈良文化財研究所主催）が平城宮跡資料館で開催されている。本物の木簡群を目の当たりにすることができる。古代から届けられる自筆の手紙である。

（西崎　亨）

近江と継体天皇

武烈天皇が皇嗣なく崩御する。ここに継体天皇は、『古事記』では近江国（『日本書紀』では越前国）から「応神天皇五世の孫」として迎えられ、武烈の同母姉妹手白香皇女《たしらかのひめみこ》（仁賢天皇皇女）を后として即位する。二人の間に生まれた欽明天皇が、今日につながる世襲天皇制の始祖となるのである。

『日本書紀』によると、継体天皇の生まれは父彦主人《ひこうし》王のいた「近江国高嶋郡三尾別業《なりどころ》」（現高島市）であり、父の死後、母と共にその生家のあった「越前三国」「高向《たかむこ》」で即位まで過ごす。継体の妃には三尾君氏から二人も娶っており、父同様に三尾氏の勢力圏高島に基盤を置き、古北陸道を介して越前三国にも勢力を持つ。また、「元の妃」として「尾張連草香の女目子媛《めのこひめ》」が手白香の次に記されており、即位前の本妻が尾張氏の娘であることは重要である。さらに、「息長真手王の女」も妃の一人であり、坂田郡（現在の米原市から長浜市の一部）一帯に勢力を持つ湖東の息長氏の勢力圏から東山道を介して東国尾張との結び付きが考えられるのである。継体天皇は、応神天皇五世の孫として皇統からは遠い存在ではあったが、代々近江を勢力基盤とし、東国・北陸の勢力を背後に持つことで、後の畿内勢力に対抗して即位できたのである。

異例の即位を果たした継体天皇は、『日本書紀』継体天皇元年（五〇七）の樟葉宮《くずはのみや》（大阪府枚方市）、筒城宮《つつきのみや》（京都府京田辺市）、弟国宮《おとくにのみや》（京都府長岡京市）を経て、同二十年（五二六）、磐余玉穂宮《いわれのたまほのみや》（奈良県桜井市）に宮を遷す。継体は、十九年の歳月をかけてようやく大和に入るが、続く安閑天皇、宣化天皇は共に尾張氏の娘を母にもち、共に仁賢天皇皇女の春日山田皇女、橘仲皇女《たちばなのなかつひめみこ》を皇后に迎え、三代続けて大和への入婿として即位する。ようやく、欽明天皇の即位（五三九年）までの三十二年をかけて、ここに畿内と東国勢力との融和が実現するのである。

（中島　正）

第4章　近江の渡来人居住地の地名

東アジアの中での日本列島

後に瀬戸内海航路が主航路となるまでは、中国大陸、韓半島と一衣帯水の日本海沿岸（山陰～北陸）が、世界に繋がる倭（日本）の表玄関であった。近江国は、水運が活用できる琵琶湖、そして難波に通ずる瀬田川を抱えており、日本海側と大和王権とを結ぶ中継の地として大陸・半島との交流の重要な要衝の地であった。結果として、人々の移動と定住化の面でも近江の地は特有な歴史を持っているのである。

居住氏族を大きく分けると、より古くから土着する在地系氏族と大陸・半島から移住してきた渡来系氏族とになるが、後者の居住地として近江国は際立っていると言えよう。特に琵琶湖の南半分の沿岸地域（大津市付近や瀬田川口周辺を中心として）に集住していたようだ。以下には、渡来伝承や史書などに見る渡来の記録などを参考に、どういう地にどういう氏族がいたかを地名とともに整理してみたい。

天日矛伝承地

『日本書紀』垂仁紀三年条（『古事記』では応神記）に天日槍《あめのひぼこ》（『古事記』では天日矛）伝承を伝えている。新羅《しらぎ》（国）の王子である天日槍（以下では「天日矛」と表記する）が宇治川を遡ってきて近江国の「吾名邑」にしばらく住んでいたが、後に若狭国を通って但馬国へと移動し、そこに住居を定めたという。そして、近江国の「鏡村の谷《はざま》の陶人《すえひと》」は、天日矛の「従人《つかひびと》」だと記す。この伝承で語られる事項や地名などとゆかりのあると思われる地名がそれぞれ比定できるのである。

まず「吾名邑」の遺称地を探ってみよう。『和名抄《わみょうしょう》』坂田郡に「**阿那**郷《あなのさと》」（米原市箕浦あたり）があった。木簡に「尺太評穴里」とあり、また木簡「坂田郡旦女里穴太主寸」（旦女は朝妻、主寸は村主《すぐり》に同じ）がある。「あなのさと」の近くに「穴太」氏の居住が確認できる。しかし、伝承の「鏡村」や「陶」（須恵器）の生産地との関係を考慮すると、現在の竜王町綾戸にある**苗村**《なむら》神社（式内社名は「長寸《なむら》神社」）の「苗村」はもと地名であったと思われ、それが「吾名邑」の遺称地と考えられることになる。「鏡村《かがみむら》」は今も竜王町**鏡**として遺るが、「鏡山」（蒲生郡竜王町と野洲市の境の山）の名の由来にもなっており、また鏡神社

（祭神は天日矛）もあり、『万葉集』の蒲生野での歌で知られる額田王にゆかりの神社とする説もある。そして竜王町には今も「須恵《すえ》」の地名が遺る。「陶人」の居住地であった名残と考えられる。木簡に「蒲生〔郡〕周恵《すえ》郷春」とあり、陶（須恵）器の大きな生産地であったのか、「郷」として自立していることが窺えることは注目してよい。

「菅江」（米原市）は「すえ」と読む。「簀江」「蓊江」とも書き、古くは「陶」とも書いたが、この地で陶器（須恵器）の窯業が行われていたことによるとみられている。

天日矛伝承の「吾名邑」の遺称地と思われるもう一つの地名に、草津市にも「穴村《あなむら》（町）」があり、同地には天日矛を祭神とする「安羅《やすら》神社」がある。「あな」は、韓半島の南端加耶諸国の一つ「安羅」を「安那」とも言ったことに由来すると見る説がある。また、忘れてならない「あな（穴）」地名に大津市の「穴太」（『和名抄』では滋賀郡大友郷に属す）がある。「穴太」は「あのう」と読むが、存在が当地に比定される「志賀高穴穂宮」の名の「穴穂」に採られた地名なら「あなほ」、「穴生」の意が元と想定するなら、「あなふ」のそれぞれ音変化の結果「あなお（または「あなう」）」→「あのう（アノー）」となったと考えられる。「高穴穂宮」は成務天皇（『古事記』）あるいは景行天皇（『日本書紀』）の宮都とされている。「穴〔穂？〕五十戸」と記す木簡があるが、これが滋賀郡だとすると、大友郷とは別に「穴穂里（郷）」があったことになる。また木簡に「高嶋郡籾置穴太・秋」とあり、高嶋郡にも穴太氏が居住していた痕跡がある。大津市穴太は、「穴太積み」で有名な穴太衆の根拠地で、中世末期以降、築城で有名になるが、古代では古墳築造などを行っていた石工の末裔であるとも言われている。穴太群集墳などの石室築造などに携わった渡来系の、高度な技術を持った技術者たちの流れを汲む人々であったのではないだろうか。

大友郷・錦部郷の渡来人

近江国における渡来系氏族の居住地は、湖北・湖西北部では特に痕跡が薄いのに対して、南半分の地域には集住しており、中でも滋賀郡に濃密である。とは言え、滋賀郡の中でも、第1章で述べたように、真野郷は在地勢力である和邇氏系の諸氏族の居住地であったのに対して、大友郷・錦部郷・古市郷が渡来系氏族の居住の濃密な地域であったと言える。

ところで、真野郷には和邇氏系氏族、つまり「和邇氏」「小野氏」「春日氏」「真野氏」「粟田氏」が居住していたとみられるが、それぞれ同名の「地名」も確認できるのである。ここに地名が先か人名が先か、の問題が存在する。和邇、小野、春日については、他の地域における存在を考えると、当地（滋賀郡）では「人名」が先で人名によって「地名」がついたと考えられるが、真野は逆に地名が先であったのではないか。つまり、ここの「真野」の語源は、この地における事情に基づいて検討すべきであろう（第1章参照）。

「大友（郷）」は、大津市坂本を中心とする一帯の地域に相当する。氏族名に付けられた「姓」に注目して、この郷を本貫地とする氏族を挙げると、「大友村主氏」「大友但波史氏」や「穴太日佐氏」「穴太村主氏」「穴太史氏」さらに「志賀忌寸」などが確認できる。百済系渡来人で漢人系氏族とみられている。「大友」や「穴太」は、この地の「地名」が先にあり、そこに定住した氏族の名にも用いたものと思われる。地名あるいは氏族名の「大友」は、天智天皇の子「大友皇子」にも使われたとみられている。滋賀郡の他の郷や他の郡にも居住者として「大友」や「穴太」を名乗る人物がいるが、元はこの「大友郷」を本貫地としていた氏族で、他の地域へも勢力を広げていたことを意味するのであろう。

「錦部《にしこり》（郷）」は今の大津市錦織《にしこおり》を中心とする周辺の地域。近江大津宮（正式には「水海《あふみ》大津宮」とも）の所在地でもある。「大友日佐氏」「穴太日佐氏」や「錦（部）村主氏」の居住が確認できる。後者もやはり百済系（漢人系）渡来人とみられ、同族に「錦部忌寸氏」「錦部日佐氏」が存在した。「錦部」は「錦織部《にしきおりべ》」の二文字化の表記であるが、この地が高度な機織りの技術を持った渡来の氏族による「錦」（織物）の生産地であったことを意味している（第15章参照）。

「古市《ふるち》（郷）」は、滋賀郡の一番南に位置し、ほぼ瀬田川右岸（西地域）に当たる。地名の

「古市」を負う氏族は確認できないが、天平元年（七二九）から記録の残る「志何郡古市郷計帳」に見える「大友但波史氏」や他の文献から「大友村主氏」「大友漢人氏」や「錦部氏」「上村主氏」の居住が確認できる。注目すべきことに八世紀後期の文書によって、「三津首廣野」を俗名とする最澄とその父が当郷に居住していたことが分かる。しかし、「三津首」氏の本貫地は大友郷と言われ、今言う「三津の浜」（唐崎以北で下阪本辺りまでの湖岸）が氏族名「三津」の由来とみられている。「三津」は「御津」でここに「志賀高穴穂宮」（景行、成務、仲哀の三代の天皇の宮だったと見られている）があり、その津であったからという説と、三つの津（戸津、今津、志津とされる）が列んでいたことによるという説とがある。「古市」は「ふるち」と読むが、文字通り古くからの交易の場（市）であったことを意味していよう。大和へと繋がる、琵琶湖の最南端沿岸で瀬田川の入口に位置していたことから交易に適した地であったと想像される。

なお、滋賀郡に居住するが、「郷」までは判明しない氏族に「志賀穴太村主」氏（本貫は大友郷か）や百済氏（僧良弁ら）がある。また、他の郡でも、例えば栗太郡には「大友日佐氏」「上村主氏」「志何《しが》史氏」「磐城村主氏」が居住しており、坂田郡の「穴太村主氏」らが「志賀忌寸」への改姓を願い出たという記録もある。『新撰姓氏録』山城国諸蕃には、「錦部村主氏」や「錦織村主氏」などが見える。

渡来人に多い「姓」

前節において「大友」「錦部」「古市」の各郷やその他の地域に居住の確認できる氏族名を取り上げたが、多くに「姓《かばね》」を添えて示した。

「村主」は「すぐり」と読む。「須久理」「勝」と書くことも。木簡「坂田郡旦女里穴太主寸」の「主寸」も同じであろう。この姓を有する殆どの氏族が渡来系とみられ、「すぐり」の語源も「村落の長」を意味する古代コリア語と見る説もある。

「史」は「ふひと」と読む。「文人《ふみひと》」の訛伝で、記録を司った官職名による。その多くが渡来系の後裔で、漢字を駆使できる書記官として渡来系の氏族が活躍できたことは充分考えられる。近江国ではかなりの郡で「史」姓の住民の居住が確認できる。

『新撰姓氏録』に「大友史、百済国の人白猪奈世の後也」とある。なお、高嶋郡に「但波史」の存在が指摘されているが、神崎郡に居住の「桑原史」とは、高嶋郡桑原郷の地名を負う「史」を意味しているのではないか。下級官人の「史部」は「史《ふひと》」のために置かれた部民で殆どが渡来人であったという。

「曰佐」は「おさ」と読んだであろう。「おさ」とは「訳語」(通訳・通事)のことと思われ、中国大陸・韓半島との交流で欠かせない通訳を司る氏族に許された「姓」の一つであった。大宰府政庁の官制の一つでもある。地名にも福岡市南区曰佐《おさ》がある。「曰」は「曰く」の「曰」（部首名「ひらび」）で、「言う」の意の漢字、「佐」の字には「助ける」の意がある。「おさ（古代コリア語か？）」の熟字訓的当て字が「日佐」（言うを助ける＝通訳）であったか。「曰佐」の姓を持つ氏族の存在も、近江国の多くの郡にわたって確認でき、大陸・半島の人々との交流が近江国では盛んであったことが、こうした分布から知れるのである。「上曰佐」は対韓半島の、「下曰佐」は対中国の、それぞれ通訳に当たったという区別もあったようである。

「忌寸」は「いみき」と読む。「伊美吉」とも。天武一三年（六八四）に制定された「八色《やくさ》の姓」の第四位に当たる姓。この姓を許された氏族は殆どが渡来系（秦氏系、漢人系を問わず）であったとみられている。延暦六年（七八七）、野洲、蒲生、坂田、浅井の各郡在住の渡来人が、「志賀忌寸」と改姓することを願い出ている（『続日本紀《しょくにほんぎ》』）。「寸」を「き」と読むのは訓読みで、馬の背丈を測る単位を意味した。

愛知郡の秦氏

「依知秦公」氏の名が延暦一五年（七九六）の吉田文書や弘仁一一年（八二〇）の根岸文書などにみられ、他に「秦人」「秦前」など秦氏族の居住していたことが分かる。「依知秦氏」と総称され、特に「蚊野郷」「大国郷」「八木郷」に集住し、「養父郷」にも居住していた痕跡がある。「依知」は「えち」で、後には専ら「愛知」と表記する。

愛知の郡名は、西河原森ノ内遺跡（野洲市）出土の木簡「衣知評平留五十戸旦波博士家」の例が古く「衣知評《えちのこほり》」と表記する。その他、依智、依知、愛智、江地、朴智などの表記も見られるが、『日本書紀』では白村江の戦いで活躍し戦死した英雄「田来津」という人物のことを詳しく伝えており、肩書きを「朴市秦造」とする。「朴市」は「えち」と読む。先に示した地名「えち」の漢字表記は万葉仮名で音仮名、或いは「音訓交用」であったが、この「朴市」は唯一訓仮名による表記で、文字通りなら「朴（え・えのき〈榎木〉）＋市（いち・交易の場）」の意味になる。あるいは、「え（吉）＋ち（処・場所）」の意で、この表記に当時の人々がこの地をどう見ていたかが表わされているとみてよいだろう。

「旦波博士家」とは「旦波史《ふひと》」と同じで、書記官を務めた人物の存在が推定でき、そして当地には交流の通訳を務めた「大友曰佐氏」も居住していたようだ。「田来津」という

依知秦氏の里古墳公園（愛荘町）

人物も「秦造」とあるように愛知郡の秦氏出身であった。「秦大蔵忌寸氏」なども。秦氏の愛知郡への進出は六世紀前半以降と見られており、五世紀に山城北部に進出して一大勢力となった秦氏の本宗家（葛野郡や紀伊郡）の分流とも考えられる。

当郡に秦氏が居住していた痕跡を残す地名に「秦川村《はたがわむら》」があったが、「八木荘村」と合併して「秦荘町」となり、更に今は「愛知川町」と合併して「愛荘町」となっている。

百済から渡来の人々

古くから大和政権と百済との交流は盛んで仏教を始め百済文化が移入されてきたが、新羅が唐と手を組んだのに対して、大和政権は高句麗・百済と連合して、新羅・唐軍と白村江で決戦の時（天智二年〈六六三〉）を迎えることになる。その前後百済から多くの人々が日本列島にやってきた。以下『日本書紀』の記事によると、まず斉明天皇七年（六六一）には、「唐人」と呼ばれる、百済軍が捕らえた唐の捕虜達が「近江国墾田《はりた》」（栗太郡治田郷か）に送られてきて、そこに居を敷いたという。倭・百済連合軍が敗北して百済の滅亡後になると、天智天皇四年（六六五）には百済の「百姓」男女約四百人が神崎郡に居住させられているし、同八年には百済の人々男女約七百人が蒲生郡に移住させられている。こうした渡来系、あるいは亡命者の中には、百済の貴族である佐平余自信《よじしん》や鬼室集斯《きしつしゅうし》らがいた。集斯は大和王権の官僚として務め、特に学識頭として「大学寮」の整備に尽力したと言われる。そうした役人としてまた高度な技術や文明・文化を伝える指導者として倭国に貢献した百済の人たちが多くいたと思われる。鬼室集斯は、百済復興運動に尽力した鬼室福信の子という説がある。今、鬼室集斯を祀る「鬼室神社」（神社の裏手に集斯の墓）が蒲生郡日野町大字小野《この》にある。

（糸井通浩）

コ・ラ・ム

膳所と御厨地名

大津市の「膳所《ぜぜ》」は難読地名として有名である。また、膳所の湖岸一帯は、粟津晴嵐で著名な粟津浜で、かつて陪膳浜《おものはま》とも呼ばれた。陪膳は天皇の膳(御物《おもの》)のことで、それを出す場所が御厨所《みくりやどころ》であり、地名の由来である。禾津《あわづ》頓宮(仮宮)が置かれた聖武天皇代以後、平安後期の大治元年(一一二六)には、粟津の地が御贄《みにえ》(天皇の食物)や新嘗《にいなめ》祭使用魚介類の供給地(膳所)となっている。同じ意味の「膳前」の音読み(ゼンゼン)が訛って「膳所」表記のまま「ゼゼ」と訓むようになった可能性があり、室町時代の『太平記』ではすでに膳所を「ゼゼ」と読んでいる。なお、このように「所」を「セ(ゼ)」と読む例は、他に奈良県御所市の「御所《ごせ》」の例のみであるが、膳所同様、「御前」と「御所」との関連が想起される。

古代・中世において天皇や貴人、神の御饌《みけ》にあてられる魚介類を贄として貢進した所領を御厨と呼び、地名化しているのを「御厨地名」と総称する。この「膳所」は典型的な御厨地名であり、琵琶湖の幸を供えるにふさわしい良津であった。

膳所のある地域は、『日本書紀』に壬申の乱の「粟津岡」「粟津市」として記載され、『続日本紀』記載の聖武朝「禾津頓宮」の地でもある。平成十四年(二〇〇二)、滋賀県立膳所高等学校敷地(膳所城下町遺跡)の発掘調査で「禾津頓宮」跡と考えられる大規模な掘立柱建物跡が発見された。この地域から北西に近接して大津廃寺があり、ここが天智朝「大津宮」南辺にあたることがわかる。しかも、ここでは淳仁朝「保良宮」の遺構も検出されている。

「逢坂(の関)」が和歌の世界で「人に逢う坂」の意味を持ったように、「大津」は「逢津(アフツ)」の、「粟津」も「逢津(アフツ)」のイメージを古人の心に膨らませたとすれば、なんとも魅力的な地名である。

(中島　正)

第5章　近江の旧都・古代官衙ゆかりの地名

はじめに

「神・天皇・宮廷のものを表す」接頭語「み」を冠した建物「や（屋）」が「みや（宮）」であり、そこに「場所」を示す接尾語「こ（処）」がついて、「みやこ（都・京）」の語が成立する。したがって、普通名詞である「宮」に特定の神・天皇・天皇の居所地名などが結びついて、はじめて固有名詞としての「……宮」が成立するように、天皇の「宮」の周りに官人や百姓（京戸）が居住する都市的空間が成立することによって、はじめて特定の「都・京」が成立することとなる。『日本書紀』に記述のある「倭京《やまとのみやこ》」（奈良県明日香村）・「近《おう》江京《みのみやこ》」（大津市）はより広域の地名を冠しているが、それぞれ「飛鳥……宮」（飛鳥諸宮）・「大津宮」に付随して都市的空間を構成する都であり、日本ではじめての碁盤目状の条坊をもった「新益京《あらましのみやこ》」は「藤原京」（奈良県橿原市を中心とする）のなりたちを反映した命名であろう。なお、『続日本紀《しょくにほんぎ》』に記述のある聖武朝の「大養徳恭仁大宮《やまとくにおおみや》」（京都府木津川市）は、奈良山を越えた山背国《やましろのくに》にありながら「大養徳」の名を冠しており、先述の「倭京」と同様に天皇のいる場所が国の中心としての「やまと」であり、「みやこ」とする認識があったのかもしれない。

そこで、ここでは近江の旧都としての「大津宮」や「保良宮《ほらのみや》」（大津市）の他に、天皇の所在を前提とした離宮として「信楽宮（紫香楽《しがらき》宮・甲賀宮）」（甲賀市）や頓宮《とんぐう》・行宮《あんぐう》（かりのみや）としての「横川《よかわ》頓宮（米原市）、犬上頓宮（彦根市）、野洲頓宮（野洲市）、禾津《あわづ》頓宮（大津市）」を採り上げ、周辺の地名からその歴史を辿ってみたい。また、「保良宮」とも関連して、「近江国府」や「近江国分寺」周辺の地名にも言及する。

天智天皇と大津宮

斉明天皇六年（六六〇）、唐・新羅連合軍を前についに百済が滅亡する。再興を願う百済遺民の要請を受けて派兵準備の最中、斉明天皇は筑紫の朝倉橘広庭宮（福岡県朝倉市）に没し、ようやく大軍を派遣するも天智称制二年（六六三）、白村江において唐の水軍に大敗してしまうのである。この敗戦により、倭国は唐・新羅の軍事的侵攻の危機に直面することとなった。そして、国内防衛強化策の総仕上げとして断行したのが、天智称制六年

（六六七）の飛鳥からの大津宮（近江京）遷都であり、翌年、ようやく中大兄皇子は天智天皇としてこの宮で正式に即位するのである。この大津宮は、壬申の乱（六七二年）で廃棄されるまでの五年間、琵琶湖に面した戦時体制下の都として我が国の政治の中心地となった。その所在は長らく不明であったが、昭和四十九年（一九七四）、大津市錦《にしこおり》織地区の字「**御所ノ内**」において、内裏南門と考えられる大規模な掘立柱建物跡の一部が発見され、その後の発掘調査の進展にともない宮中心部の錦織地区一帯が「近江大津宮錦織遺跡」として国史跡に指定されている。「御所ノ内」のすぐ西側には「**御所大平**《ごしょだいら》」の地名もあり、宮と内裏の存在を暗示していたのである（第15章参照）。

大津宮が営まれた錦織周辺の平坦地は狭く、この時代の琵琶湖の汀ラインは現在よりもかなり西側に入り込んでいた。この地に「近江京」と呼べる都市的空間を再現するためには、周辺の古代寺院の分布が手がかりとなる。大津宮の北北東約二・五kmに「**穴太廃寺**《あのうはいじ》」がある。発掘調査では、同一地点で方位を違えた新旧の伽藍跡が検出されており、創建寺院は主軸方位を真北に対して三十五度東に振っているのに対し、再建寺院はほぼ真北に設定されていた。この再建時期は、天智天皇が母親の斉明天皇の菩提寺として建立したと考えられる川原寺（奈良県明日香村）創建瓦と極めて近似した型式の「川原寺式軒丸瓦」が出土していることから、大津宮の時期に比定できるのである。このことは、大津宮の方位に合わせて穴太廃寺が再建されたと考えられ、宮周辺の都市計画と連動した整備事業とすることができる。しかも、伽藍配置は川原寺と同じ一塔二金堂式なのである。

なお、穴太の地は、景行・成務・仲哀天皇の「**志賀高穴穂宮**《しがのたかあなほのみや》」伝承地であり、近くに高穴《たかあな》穂《ほ》神社が鎮座する。また、ここは『延喜式』記載の北陸道第一の駅家《うまや》「穴多駅家」の推定地でもあり、表記は異なるが読みはすべて「アノヲ」である。穴太廃寺以外では、大津宮の真北約五〇〇mに穴太廃寺同様の伽藍配置をもち川原寺式軒丸瓦が出土する「**南滋賀廃寺**」があり、宮の南約一・五㎞の園城寺《おんじょうじ》からも同様の川原寺式軒丸瓦が出土し、園城寺創建以前の「園城寺前身寺院」の存在が想定されている。さらに、園城寺東方約二㎞の滋賀県庁北側にある「**大津廃寺**」からは、川原寺創建瓦とまったく同じ型で造られた軒丸瓦(同笵《どうはん》瓦)が出土しているのである。これらの寺院は、大津宮の造営と連動して整備された寺院であり、

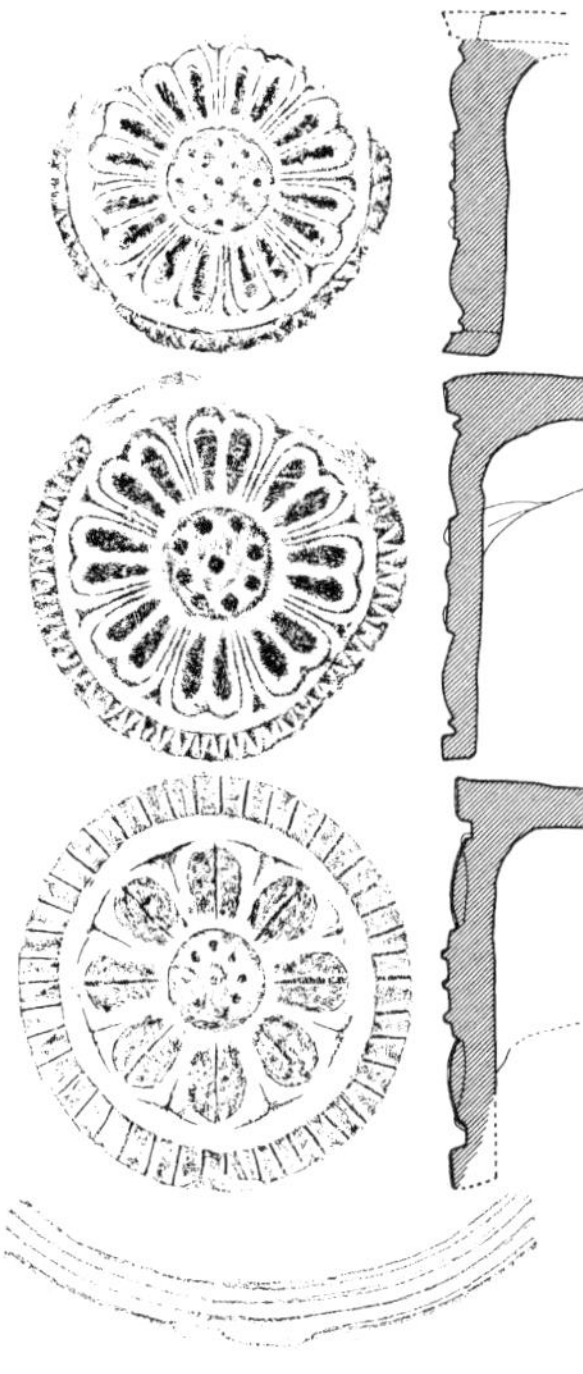

穴太廃寺出土軒丸瓦
(林博通「穴太廃寺」『近江古代寺院』より)

園城寺前身寺院、大津廃寺から穴太廃寺に至る南北約五㎞の細長い範囲が、京《みやこ》としての都市的空間と言えよう。ちなみに、この範囲は正南北の条里地割となっており、穴太北側の滋賀郡域の地割が地形にそって大きく東に振っている様相と対照をなす。大津宮の都市計画を反映しているのである。

ところで、大津市滋賀里西方山中に天智天皇勅願の寺として『扶桑略記』に記載のある「**崇福寺**《すうふくじ》」の跡がある。この寺は、『万葉集』（巻二・一一五番）に但馬皇女作歌の詞書で「志賀山寺」と記されており、『今昔物語集』では「志賀寺」として登場する。発掘調査では、尾根をまたいで川原寺と同じ一塔二金堂式の伽藍配置をもち、やはり川原寺創建期の同笵瓦が採集されている。寺の命名は「仏の功徳をあがめ尊ぶ」の意であり、崇福寺はまさに大津宮の鎮護と安寧の寺として創建されたのである。また、『日本書紀』には大津宮内裏に佛殿のあったことが記されており、宮とその周辺はまさに仏教都市の様相を呈していた。

そもそも、なぜ天智天皇は大和から遠く離れた近江に都を遷したのだろうか。唐・新羅の軍事的侵攻に備えた国内防衛強化策として北部九州から瀬戸内、そして難波から大和の高安城（奈良県平群町から大阪府八尾市にまたがる朝鮮式山城）まで敷いた防衛線が突破された場合、最終的には近江から東国の軍事力の再結集に頼らざるを得ない状況を考えたのであろう。そこまで追い詰められた天智天皇が選んだ大津宮の地は古北陸道と東山道の結節点にあり、この要衝の地から東国へ逃れて再起を図る最後の砦となるはずであった。

大津宮遷都の翌年（六六七年）、百済に続いてついに高句麗も滅亡するが、この古北陸道は日本海へ通じる欽明朝以来の高句麗との連絡路でもあった。もともと、大津宮が営まれた大津北郊の地（大津市錦織・南滋賀・滋賀里・穴太・坂本一帯）は、湖東の愛知郡、犬上郡とともに渡来系文物が顕著に出土する地域であるが、百済滅亡後は神前郡・蒲生郡への遺民の入植記事があり、近江朝政権にも多くの百済亡命官人が登用されている。彼ら渡来人たちにより、この地域の水田開発と鉄生産が飛躍的に進展するのである。特に志賀の漢人《あやひと》と総称される人々は、後の滋賀郡を本拠とする大友村主《すぐり》、穴太村主、錦織村主、大友丹波史《ふひと》などの一族であり、地名にも反映されている。ちなみに大友皇子は、大友村主、大友丹波史らに養育されたのであろう。この大津宮は、豊かな生産性をもつ近江から東山道諸国の東国の軍事力を背景とし、あくまでも西からの脅威に備えた都であった。

天智天皇十年（六七一）十二月、天皇は大友皇子に後事を託し、大津宮で激動の生涯を閉じる。翌年、大海人皇子との間で皇位継承をめぐる壬申の乱が勃発し、この内乱に勝利した大海人皇子が天武天皇として飛鳥浄御原宮《あすかきよみがはらのみや》で即位する。そして、大友皇子を擁した近江朝廷軍の敗退により、大津宮は廃都となるのである。近江軍の最大の敗因は、本来最も留意すべき東国の軍事力を奪われた点に尽きる。かつて西方からの外敵の侵攻に対して戦略的に造営した大津宮は、背後から攻撃を受けてあっけなく滅んでしまったのである。

聖武天皇と紫香楽での大仏造営

『続日本紀』天平十二年（七四〇）十月、九州で勃発した「藤原広嗣の乱」の混乱の最中、聖武天皇は唐突にも東国行幸に出発する。以後、ほぼ五年に及ぶ聖武天皇のいわゆる「彷徨」の始まりである。平城宮を発ち伊賀国を経て伊勢国河口頓宮（三重県津市）より伊勢神宮に幣帛を奉納し、ここで反乱終結の報を受けるも天皇の巡行はなおも継続される。その後、鈴鹿郡赤坂頓宮（三重県亀山市）から美濃の不破頓宮（岐阜県垂井町）に至り、ここで行幸の前後を守る騎兵の軍団を解散・帰還させ、近江国横川《よかわ》に止まる間に右大臣橘諸兄を山背国相楽郡恭仁郷計略のため先発させ、その後、天皇一行は横川・野洲・禾津《あわづ》頓宮を経て、山背国相楽郡玉井頓宮に至り、年末に平城京ではなく新都・恭仁宮に入った。ここに恭仁京遷都と平城京廃都を断行したのである。

この聖武天皇の東国巡行は、まさに大海人皇子の壬申の乱での勝利に至る行軍経路と重なる。わずか二十余名の舎人を従えて吉野を脱出した皇子は、伊賀国で兵を集めながら鈴鹿を経て伊勢国朝明郡家《ごうけ》に至り、ここで美濃・尾張の軍団動員成功の報告を受け、途中で合流した高市皇子を美濃国不破に派遣して指揮を委ね、不破を近江攻略の前線基地とした。大海人自身は、近くの野上行宮（岐阜県関ケ原町）から乱終結まで動かず、ここですべてを見守ったのである。聖武天皇の巡行は、ここ不破頓宮から壬申の乱の戦跡を巡る旅となる。近江国に入り滞在した**横川頓宮**は「息長《おきなが》の横河」での戦いがあった地であり、蒲生郡を経て**犬上《いぬかみ》頓宮**は「犬上川の濱」、**野洲頓宮**は「安《やす》河畔」「栗太《くるもと》」での戦、**禾津頓宮**は「勢多橋」での激戦地や「粟津岡・粟津市・筱波《さざなみ》」といった地に近い。これらは、すべて現在につながる『日本書紀』（天武天皇 上）記載の壬申の乱ゆかりの地名なのである。なお、聖武天皇は禾津頓宮滞在中に、大津宮から崇福寺へも参詣している。正史である『続日本紀』は多くを語らないが、後世の史家が不可解な「彷徨」の出発点とした聖武天皇のこの東国巡行は、周到に計画された偉大なる曾祖父・天武天皇の事績を追体験することで、これから成そうとする大事業の端緒とすべき儀式であったと考えられるのである。

あわただしい恭仁京遷都直後の天平十三年（七四一）三月、いわゆる「国分寺建立詔」が発せられる。しかし、この詔は、天平九年（七三七）の丈六釈迦三尊像と『大般若経』の造営と書写が諸国に命じられたことにはじまり、同年六月の七重塔建立と『法華経』書写、国分寺建立詔直前の釈迦丈六像造立の料として封三千戸の施入が諸国に命じられたことを前提としており、天平十三年に至って、ついに『最勝王経』書写と金字『最勝王経』の七重塔内安置や僧寺・尼寺の名称・寺領・僧尼の定数・願文の細目を定めることにより、諸国国分寺の建立事業はここに具体化する。国分寺建立は周到に準備されていたのである。

恭仁宮の造営が続く天平十四年（七四二）二月、「是の日、始めて恭仁京の東北道を開き、近江国甲賀郡に通せしむ」と東北道開通記事があり、八月には造離宮司を任命し、聖武天皇は初めて紫香楽宮へ行幸している。この恭仁東北道の規模・ルートについては必ずしも確定していないが、足利健亮氏は恭仁京東北隅（石原宮）からそのまま北上し、相楽郡和束町の口畑・奥畑・石寺を経由して紫香楽へ向かう山越えのルートを想定している。

天平十五年（七四三）十月、四回目の行幸となった紫香楽宮でついに聖武天皇は「大仏発願詔」を宣言する。東国巡行・恭仁京遷都・国分寺建立詔・紫香楽宮造営・大仏発願詔は、一連の構想のもとすべて連動しているのである。ならば、国分寺造営の全体像の表明が、なぜ、旧都平城京ではなく、東国巡行を経て遷都直後の恭仁京でなされねばならなかったのであろうか。それは諸国国分寺構想の端緒となった天平九年が、危機的な天然痘蔓延の年であることに起因する。国分僧寺の金光明四天王護国之寺の「護国」も尼寺の法華滅罪之寺の「滅罪」も直接的には「疫瘡」（天然痘）を除き滅ぼすことを目的としており、「疫瘡」に穢された平城京を捨て清浄な地へ移ることが、遷都の直接の目的ではなかったかと考えられるのである。そして、新都・恭仁京こそが紫香楽での大仏造営の前線基地となるのである。聖武天皇の平城京廃都の決意は、平城宮の中心施設である大極殿の恭仁宮移設が端的に物語っている。そもそも、平城宮大極殿は藤原宮大極殿を移設したものであった。

大仏造立構想は、天平十二年二月の聖武天皇難波宮行幸の折、河内智識寺で盧舎那仏を拝したことを契機とするが、紫香楽選地の理由は、大仏造立に不可欠な「資材と燃料」確保のためとする小笠原好彦説や、当時の日本地図（行基図）で紫香楽村が日本の中心に位置していたとする黒崎直説があるが、不明である。いずれにしても、紫香楽の地が大仏建立の聖地と認識されていたことに誤りない。天平十五年十二月、聖武天皇は大仏造営を優先するため恭仁宮の造作を停止し、翌年二月、紫香楽宮滞在中にもかかわらず、天皇は難波宮を新たな皇都とする勅を公布する。しかし、甲賀寺に大仏の体骨柱が立てられるも、頻発する山火事や地震によって大仏像立事業は頓挫してしまうのである。なお、天平十七年（七四五）正月元旦、甲賀宮にとどまる聖武天皇の宮前に「楯と槍」が立てられる。これを「皇都」の証とするか否かは別として、ここに聖武天皇の仏都構想を読み取ることは可能であろう。紫香楽宮と大仏造立の実態については、短期間の造営であり離宮としての紫香楽宮と甲賀宮との区別も定かではない。それでも大仏造立に係る**甲賀寺跡**（史跡紫香楽宮跡）と**鍛冶屋敷遺跡**、紫香楽宮や甲賀宮跡と考えられる**宮町**《みやまち》**遺跡**、両者をつなぐ**東山遺跡**の存在は重要である。甲賀寺跡東北方丘陵裾の鍛冶屋敷遺跡からは大規模な鋳造関連工房跡が検出されており、大仏鋳造との関連をうかがわせる。甲賀宮跡（紫香楽宮跡）と推定される宮町遺跡では、東西に並立する長大な南北棟掘立て柱建物跡二棟や、北側奥中央に東西棟の正殿と後殿が検出されている。近年、宮町遺跡と甲賀寺跡を南北に結ぶ道路跡が東山遺跡で検出されており、甲賀宮周辺の都市的空間を考えるうえで貴重である。

紫香楽（信楽）地名については、その語源が「繁る木」の転訛とする説もあるが、正倉院文書での記載がいずれも「信楽」であり、これが仏教用語の「信楽《しんぎょう》」由来であれば、仏の功徳をひたすら「信じ願い疑わないこと」（『無量寿経』）であり、聖武天皇の仏都構想の中心地名として、あまりにも魅力的である（第1章参照）。この地に残る小字名などには、「宮町」・「**内裏野**《だいりの》」が宮の所在を、「**隼人川**《はやとがわ》」が宮前を警護する勇壮な兵士を連想させ、「**寺野**」「鍛冶屋敷」などは甲賀寺の所在やそこでの大仏鋳造を暗示している。なお、地名「**勅使**《ちょくし》」は、近傍の天神社に関連すると考えられ、恭仁宮近傍の地名「例幣《れいへい》」が恭仁神社に関連するのと同様で、紫香楽宮とは直接関連しない。

天平十七年（七四五）五月、紫香楽での夢を絶たれた聖武天皇は失意のうちに平城京へ帰還する。彷徨五年の終焉である。しかし、この五年が聖武にとっては天皇として最も輝いた時期である。その後、大仏造立は後の東大寺において再開され、恭仁宮は山背国分寺として、大仏のいない甲賀寺の造営もまた継続されるのである。

藤原仲麻呂と保良宮

平城還都後の聖武天皇は憔悴し病がちとなり、そこに強い天皇の姿はない。代わって政権の中枢を担うのが光明皇后である。天平勝宝元年（七四九）に孝謙天皇が即位すると、光明皇太后のもとに紫微中台が設置され、藤原仲麻呂が紫微令として皇太后の信任を得て実権を握っていく。聖武太上天皇と光明皇太后の夢であった大仏造立は、聖武の死期が近づいた同四年（七五二）に開眼供養が賑々しく東大寺で行われ、遅れていた諸国国分寺の造建も聖武の一周忌にはほぼ出そろったようである。かつての恭仁宮が山背国分寺となったように、甲賀寺も近江国分寺として再生したものと考えられている。

天平宝字二年（七五八）、母である光明皇太后の介護のため孝謙天皇が退位し、藤原仲麻呂が擁立する淳仁天皇が即位する。同四年、恵美押勝と名を改めた仲麻呂が太師（太政大臣）となり政権の頂点に立つが、長く後ろ盾であった光明皇太后が没すると、反仲麻呂勢力の台頭を許すこととなってしまう。そこで、孝謙太上天皇、淳仁天皇が並び立つなか、先手を打って政権基盤の安定化を図るため、近江の「**保良宮**《ほらのみや》」造営に着手するのである。

そもそも近江は藤原氏の勢力基盤であり、仲麻呂の祖父不比等は近江と関連して淡海公《たんかいこう》と呼ばれ、父武智麻呂や仲麻呂自身も近江守を務めている。そして、大和から近江に入る北陸道の要に山科があり、藤原氏の氏寺である後の平城京興福寺につながる草創期の山階《やましな》寺が建立されていた。南の平城京に対して北京《ほくきょう》としての保良宮・京の造営が続くなか、孝謙太上天皇と淳仁天皇の不仲が決定的となり、ついに天平宝字八年（七六四）、新羅への侵攻を口実に軍事大権を掌握した仲麻呂であったが、「恵美押勝《えみのおしかつ》の乱（藤原仲麻呂の乱）」で敗北し、保良宮は廃都となるのである。この乱により淳仁は廃帝に、孝謙太上天皇は重祚《ちょうそ》して称徳天皇となる。称徳・道鏡政権の誕生である。

淳仁・仲麻呂政権の都となるはずであった「保良宮」の実態は不明であるが、天平宝字六年（七六二）三月一日付「造東大寺司告朔解《こうさくげ》」ではこの宮を「大津宮」と記しており、かつての天智朝大津宮に近かったことがわかる。『続日本紀』にはこの宮に近い二郡を畿県（京域）とした記事があり、おそらくは滋賀郡・栗太郡に京域が設定されたのであろう。なお、先に天智朝大津宮において穴太廃寺以南の地域に正南北地割が見られることを記したが、実はこの地割は瀬田川を越えて栗太郡の「**近江国庁跡**」（大津市）周辺の地域にも及ぶ。

保良宮の京域としての都市計画は、石山寺のある石山丘陵北側の瀬田川河口を挟んだ両岸に展開していた可能性がある。現在、宮が営まれた中枢部としては、丘陵北側の石山国分台地上にある石山国分遺跡（大津市）が有力視されている。ここからは、八世紀後半の平城宮同笵の軒瓦などが出土しており、官衙《かんが》に使用されたと考えられる「へそ石」と地元で呼ばれる礎石があり、「**洞の前**《ほら》」（堂の前？）の地名を残すという。ここから北北西約二km付近にある先述の膳所城下町遺跡で、聖武朝「禾津頓宮」と考えられる大形の掘立て柱建物跡とともに、保良宮段階の建物跡や石山国分遺跡と同笵の軒瓦も出土しており、京域の一端を示している。石山国分遺跡の東側には現在の瀬田唐橋が架かるが、その下流約八〇mで壬申の乱当時の「勢多橋」の橋脚が発見されている（唐橋遺跡）。さらに上流側には後世幾世代かの橋があったようで、そこには仲麻呂の逃走を阻止したころの橋も架かっていたはずである。そのまま東進すると北側の「三大寺丘陵」上に八世紀後半の史跡 近江国庁跡があり、その前面を現在の東海道新幹線や名神高速道路が東西に走り、かつての東山道に重なるのである。そして、その南側の大津市野郷原《のごうはら》に瀬田廃寺があり、甲賀寺の近江国分寺としての機能がここに移った可能性がある。その後、さらに、現在の石山国分《こくぶ》遺跡の「**国分**」地名が残る地の国昌寺へ移転したようである。

おわりに

近江を中心とした古代の旧都とその歴史を地名とともに概観したが、古代の三関（鈴鹿・不破・愛発《あらち》関）をみても明らかなように、すべて近江から東国・北陸へと至る位置にある。大津宮・保良宮はいかにして東の軍事力を把握して内外の憂いに備えるかを想定した布陣であった。「壬申の乱」では近江朝の内部崩壊もあったが、いち早く東国を押さえた大海人軍が勢多橋を越えて勝利している。「恵美押勝の乱」では、この反省を踏まえ、一族の藤原執棹《ふじわらのとりさお》を不破関を管轄する美濃守、藤原辛加知《からかち》を愛発関を管轄する越前守としておきながら、機先をそがれて勢多唐橋を越えられず、愛発関も閉ざされたことにより敗れている。内乱の勝敗は、いずれも近江から東を掌握し、最終的には瀬田を制した者が勝利を収めている。瀬田唐橋を越えるか否かは、歴史の方向を大きく規定しているのである。このことは、以後の歴史を見ても明らかである。しかも、旧都に由来する地名が、各所に残ることは僥倖以外の何物でもないのである。

聖武天皇がなぜ、大仏造営と仏都建設を紫香楽の地に求めたのかは謎である。しかし、東国巡行が奇しくもこの地の周りを巡り、ことさら「紫香楽」「信楽」の嘉字（好字）をあてている点には、この地を聖地とする意識がはたらいていることは明らかである。仏教国家建設の中心となるはずだったのである。

（中島　正）

第6章　近江の歌枕

地名のもつ音声的要素から生まれた歌枕――近江・逢坂

「歌枕」とは、もともとは和歌に詠み込まれる歌語をいい、地名に限らなかった。しかし、平安後期になると歌によく詠まれる諸国の地名をさすようになる。

本章では、近江国の歌枕となる地名をいくつか見ていくことにする。

地名が和歌に詠み込まれると、歌の世界の具体的な場が明らかになって臨場感がもたらされると考えられる。しかしそれだけでなく、その地名のもつ音声的要素がさまざまに想像力をかりたて、地名が多義的に機能することも多い。

例えば「**近江**」が和歌に詠み込まれる場合、平安時代になると「あふみ」と平仮名を用いて表記されることが一般化するので、「あふみ」という文字が表す意味が「近江」に限定されなくなって、その表記から「逢ふ身」が連想されるということも起こる。

近江介となった藤原清生《きよふ》の送別の宴で、紀利貞《としさだ》が詠んだ歌が『古今和歌集』に見える。

けふわかれあすはあふみとおもへども夜やふけぬらむ袖のつゆけき（離別・三六九）

（今日別れ明日は近江、すぐまた逢えると思うけれども、袖が濡れるのは、夜更の夜露のせいか）

この歌などは、そうした歌枕の機能がよく示された例であろう。

「逢坂《おうさか》」も、『日本書紀』に地名起源説話が見える古い地名で、大化改新の詔で畿内の四至が定められた際、畿内の北限「合坂山」に「関」が置かれた（孝徳紀・大化二年正月）。平安時代になると、国司に任ぜられた受領階級の貴族たちは、平安京からその関を越えて諸国に赴任していき、「逢坂の関」は、都を離れる人が都人と離別する場、四年間の任期を終えて都に帰還して家族や旧友と再会する場となった。

一方、「逢坂の関」を越えると「近江となる」ことから、「逢ふ身となる」を掛けて恋歌にも多く詠まれた。

「あふさかの関」は、『能因歌枕』の「近江国」筆頭に挙げられている歌枕で、『百人一首』の、蝉丸の「これやこの行くも帰るも別れては知るも知らぬもあふさかの関」は前者の、清少納言の「夜をこめて鳥のそら音ははかるともよにあふさかの関はゆるさじ」は後者の、その性格を伝えている。

旧都という歴史的背景をもつ歌枕──志賀・長等の山

近江の歌枕として忘れてはならないのは、『万葉集』に、

近江の荒れたる都に過《よき》る時に、柿本朝臣人麻呂が作る歌

楽浪《ささなみ》の　志賀《しが》の唐崎　幸《さき》くあれど　大宮人の　船まちかねつ　（巻一・三〇）

（志賀の唐崎は今も変わりなくあるけれど、昔の大宮人の船は待っても再び見られない）

と見える「**志賀**」である。「志賀」は、『和名抄《わみょうしょう》』の「滋賀（郡）」のことで、今は県名や「志賀町」に地名が残る。「ささなみの」は志賀を導く枕詞。人麻呂が旧都「近江大津宮」の荒廃を目の当たりにしたのは、壬申の乱からおよそ十数年の後のこと。

さらに約五百年後、この人麻呂詠を本歌とし、人麻呂の心になって詠んだと思われる歌が、『千載和歌集』に「よみ人しらず」として入集する。

さざ浪や**しが**のみやこはあれにしをむかし**ながらの山**ざくらかな　（春上・六六）

（志賀の都は荒れてしまったけれど、昔のままの長等の山の山桜であるよ）

である。『平家物語』巻七「忠度《ただのり》都落」によると、『千載和歌集』撰者の藤原俊成《しゅんぜい》は、都落ちしていく平忠度から「百余首かきあつめられたる巻物」を預かり、その中から「故郷の花」という題で詠まれた一首を、平氏への鎮魂の思いをこめ、「勅勘の人なれば、名字

をばあらはされず」として「よみ人しらず」で撰入したという。壬申の乱や源平の戦乱という滅びの世界のなかにも、毎年、山桜は昔のままに美しく咲く。そんな山桜の「花」の永遠性を詠んだ一首を俊成は評価したのである。「国破れて山河在り」という、人事の無常と自然の不変の発見でもあった。こうして「志賀」は、かつて大津宮のあった旧都という歴史的背景をもつ名所として歌枕となっていく。「昔ながらの」（昔のままの）に重ねられた「**長等《ながら》の山**」（三井寺の背後の山）も、「しがのからさき」と共に『五代集歌枕』に見える歌枕である。

万葉集にその名が見える歌枕―もる山・とこの山

早く『万葉集』にその名が見え、平安中期以降の『万葉集』への関心の高まりに合わせて歌枕となり、中世に至るまで注目されてきた歌枕は他にも多い。

ここでは『能因歌枕』に見える「山」の名の付く近江国の歌枕を二つ挙げよう。

まずは「**もる山**」。『万葉集』に見える「人の親の　娘子児《をとめこ》据ゑて　守山辺《もるやまへ》から」（巻十一・二三六〇）「三諸《みもろ》は　人の守る山　本辺《もとへ》には　あしび花開《さ》き　末辺《すゑへ》には　椿花開く　うらぐはし山そ　泣く子守る山」（巻十三・三二二二）などの「守山」は、「人を見守る山」

という普通名詞で、地名とは言えず場所の特定もできない。人の出入りを禁じ、番人を置いて見張りをする山が各地にあったのであろう。

陽明文庫本『貫之集』には、

ちくぶしまにまうづるに、もる山といふ所にて

白露も時雨もいたく**もる山**は下葉のこらず紅葉しにけり　（第九・八一三）

（白露も時雨もひどく漏る守山は、その白露や時雨のせいで下葉まで残らず紅葉したよ）

という一首が見え、この一首が『古今和歌集』秋下・二六〇に詞書「もる山のほとりにてよめる」、結句「色づきにけり」で入集する。「ちくぶしま」は、平安時代に入ると比叡山との関係が生じ、天台僧の信仰が篤くなり、昌泰三年（九〇〇）十月、宇多法皇も御幸した（『日本紀略』）琵琶湖に浮かぶ島。『貫之集』の詞書から、「もる山」は守山（現在の滋賀県守山市）のことと分かる。

阿仏尼《あぶつに》の『十六夜日記《いざよひにっき》』には、弘安二年（一二七九）十月の京から鎌倉への旅が、

今宵は鏡《かがみ》といふ所に着くべしと定めつれど、暮れはてて、え行き着かず。もる山といふ所に留まりぬ。ここにも、時雨なほ慕ひ来にけり。

いとど我が袖濡らせとや宿りけむ間無く時雨の**もる山**にしも

（いっそう私の袖を濡らせと宿ることになったのか、絶えず時雨の漏るこの守山に）

と記され、「もる山」が「鏡」宿（竜王町鏡）より京に近いことも確認でき、貫之詠に因み「時雨」などが「漏る」山と詠まれる。

次は「**とこの山**」。壬申の乱を伝える『日本書紀』天武元年（六七二）七月条に「近江ノ将秦友足《はたのともたり》ヲ鳥籠山（北野本南北朝期訓「トコノヤマ」）ニ討チテ之ヲ斬ル」と見え、『万葉集』にも「近江路《あふみぢ》の　鳥籠《とこ》の山なる　不知哉《いさや》川」「犬上の　鳥籠《とこ》の山なる　不知哉川」（巻十一・二七一〇）などと詠まれている。これらによって「とこの山」は、近江国犬上郡（現滋賀県彦根市）にある山で、近くを「いさや川」が流れていたことが知られる。「いさや川」も『八雲御抄《やくもみしょう》』に見える近江の歌枕で、現在の大堀川（芹川）に比定する説が有力だ。

「とこの山」には、「床」が掛けられ、「床」の縁で「寝」「枕」「伏す」などとともに詠まれる。「とこの山風」詠を『金葉和歌集』二度本や『新古今和歌集』から挙げると、

つまこふるしかぞなくなるひとりねの**とこのやまかぜ**身にやしむらん　（秋・二二二）

（妻を恋い慕う鹿が鳴いている。独り寝の床に吹く鳥籠山の風が身にしむのだろうか）

あだに散る露の枕にふしわびてうづら鳴くなり**とこの山かぜ**　（秋下・五一四、俊成女）

（儚く散る露の枕に伏しあぐねて鶉が鳴いている。鳥籠山の風に）

などのように「独り寝」の鹿、「伏しわびて」鳴く鶉が印象的な景物として登場する。

室町時代を代表する歌人だった正徹《しようてつ》の『なぐさみ草』には、応永二十五年(一四一八)三月の紀行が、

犬上、とこの山、いさや川など、道行きぶりにたづねてぞ見侍りし。

日数経る花は塵ともつもらじをありとやはらふとこの山風

(春も日数が経ち花は塵のように積もるまいに、塵があるといって払うのか鳥籠山の風は)

と記され、「床」からの連想で「塵」「払ふ」風が花をすっかり散らすと詠んでいる。

『古今和歌六帖』に由来する歌枕――おいその森・ゆるぎの森

『古今和歌六帖』は、約四五〇〇首を様々な項目に分類した私撰集で(十世紀後半の成立)、作歌の手引などに利用された。

『古今和歌六帖』初出の、「森」の名の付く近江の歌枕で『能因歌枕』にも見えるものを二つ挙げよう。

まずは「**おいその森**」。第五帖の「おもひいづ」に部類された二八九三番歌、

わすれにし人をぞさらにあふみなる**おいそのもり**とおもひいでつる

(忘れてしまった人をいまさらながら、近江にあるおいその森のように思い出してしまったことだ)

がある。「おいその森」の所在地は、近江八幡市安土町（旧蒲生郡安土町）にある式内社「奥石神社《おいそ》」の森とされる。『近江輿地志略《おうみよちしりゃく》』は蒲生郡に「老蘇森」の項目を立て、「往昔は此辺悉く森にて、今の東西の老蘇村も、おいその森の跡なるべし」という。

『後拾遺和歌集』の、

相摸守にてのぼりはべりけるに、おいそのもりのもとにて、
ほととぎすをききてよめる　　大江公資《きんより》

あづまぢのおもひいでにせんほととぎす**おいそのもり**のよはの一こゑ　（夏・一九五）

（東路への思い出にしよう。ホトトギスの老蘇の森で聞いた夜半の一声を）

によって、「おいその森」はホトトギスの名所となる。また『金葉和歌集』二度本に、

かがみをみるに、かげのかはりゆくをみてよめる　　源師賢朝臣《もろかた》

かはりゆくかがみのかげを見るたびに**おいそのもり**のなげきをぞする　（雑上・五九九）

（変わってゆく鏡に映る姿を見るたびに、おいその森ではないが、老いが嘆かれることだ）

と見えるように、「おいその森」の「おい」に「老い」を掛けて、嘆老の主題と結びつく。

そして「**ゆるぎの森**」。『古今和歌六帖』第六帖の「さぎ」に部類された四四八〇番歌に、

たかしまや**ゆるぎのもり**のさぎすらもひとりはねじとあらそふものを

（高島のゆるぎの森の鷺さえも、独りでは寝まいと妻争いをするものなのに）

老蘇の森に鎮守する奥石神社（近江八幡市）

などと見える。「ゆるぎの森」は当初から「鷺」の名所とされ、清少納言も、この歌を踏まえて、『枕草子』「鳥は」の段に次のように記している。

鷺は、いとみめも見苦し。まなこゐなども、うたて、よろづに、なつかしからねども、**ゆるぎの杜**に、ひとりはねじとあらそふらん、をかし。

「ゆるぎの森」は、高島市安曇川町付近の森。『近江輿地志略』高島郡に「西萬木村」「東萬木村」「萬木森古跡」の項目が見え、「此辺すべて樹木繁茂して、幾萬樹と云ことをしれざると云意より、よろづきと号し、段々に転遷して今ゆるき村とはいふ也。東西の萬木村いにしへの萬木の森の跡なり」という。
「ゆるぎの森」の「ゆるぎ」を「揺るぎ」とみて、『金葉和歌集』三奏本には「恋のこころ」を詠んだ、次のような歌も入集している。

いかにしてなびくけしきもなき人にこころ**ゆるぎのもり**をしらせん　（恋下・四七九）

（如何にして、私に靡く様子もないあの人に、ゆるぎの森ではないが、揺れる心を知らせようか）

場所の特定が難しい歌枕―真野の○○

書陵部本『八雲御抄』巻五・名所部によれば、「まのゝはぎはら」「まのゝかやはら」「まのゝつぎはし」「まのゝいけ」「まのゝはま」「まのゝうら」「まのゝいりえ」などと「真野の○○」という歌枕が見え、それぞれの国名注記によって、**真野**という場所が大和国・陸奥国・下野国・摂津国・豊前国・近江国にあったことが知られる。真野は、『万葉集』時代から「白菅《しらすげ》の　真野《まの》の榛原《はぎはら》」（巻三・二八〇、黒人）「陸奥《みちのく》の　真野《まの》の草原《かやはら》」（巻三・三九六、笠郎女）などと見えるが、近江国の真野と特定できるのは、『続古今和歌集』に入集する、平安後期の歌人源経信《つねのぶ》詠、

くもはらふひらやまかぜに月さえてこほりかさぬる**まののうら**なみ　（冬・六一八）

（雲を払う比良の山風に月が冴えて、氷が重なるように見える真野の浦に打ち寄せる浪よ）

が初めてである。「比良」からの山風が吹き下ろす琵琶湖西岸に位置する「真野」（大津市堅田）と知られるのである。経信男の俊頼《としより》詠で『金葉和歌集』二度本に入集する、

うづらなく**まののいりえ**のはまかぜにをばななみよる秋のゆふぐれ　（秋・二三九）

（鶉が鳴く真野の入江の浜風に、尾花（薄）が波のように寄せている秋の夕暮れよ）

が俊頼の代表的秀歌として有名となり、「真野の浦」「真野の入江」は後鳥羽院の第三皇子にあたる順徳天皇撰の『八雲御抄』に近江国の歌枕として挙げられるようになってゆく。

歌枕は、行政上の地名と同じではない。その土地独自のイメージとともに歌に詠まれる名所である。掛詞となりやすい音声的要素も大きいが、それのみならず、その土地のもつ自然の風物に人が心を託した歌ことばでもある。場所を特定することに大きな意味はないが、特定したくなる魅力をもつ地名である。近江国の歌枕は、本章に触れた地名以外にも数多くある。古歌の心とともに、歴史文化遺産として長く大切に守り育ててゆきたい。

（笹川博司）

第7章　近江の伝説と地名

彦根市小野町の小野小町伝説

近江には俵藤太の百足退治伝説など多くの伝説が伝えられているが、本稿では小野小町と惟喬《これたか》親王の伝説を採り上げる。小町伝説で多いのは、小町が老いて全国を零落放浪し、落魄の人生を語る話であるが、彦根市**小野町**《おのちょう》では、出生地として語られている。そこで伝承過程を追うことにより、地名との関わりを考えてみよう。

鎌倉時代、阿仏尼が京都から旅に出、十月「十七日の夜は小野の宿といふ所にとどまる」(『十六夜日記』)とあるように、小野町は小野の宿といい、東山道の宿駅の一つだった。「宿」とは宿泊・荷物運搬の人馬の中継ぎなどの設備が整備されている所で、小野の地名を付けて小野宿といった。藤原定家の『明月記』に書かれている「荘園小野庄」はこの小野と思われる。小野町の由来は不詳だが、在地の土豪、小野氏の居城地であった。小野の領主には小野氏がなり(『淡海温故録《おうみおんころく》』貞享年間〈一六八四〜八八〉)、室町時代前期には小野大膳の小野城があった。地形から見ると南に「原」町、北に小「野」があり、緩傾斜地になっているので、小野は自然地名の「野」から生まれた地名とも考えられる。

小野町には小町塚（石仏地蔵堂・小町地蔵堂とも）があり、明治中期まで塚近くに茶店があったという。ここに小町誕生の伝説が伝えられている。

小野好実が奥州最上、出羽の郡司の任期も終り、京都に帰る途中、小野の宿で滞在中に一人の娘を貰い受け、京都へ連れて帰って養育し、後に養女にした。

（『ふるさと鳥居本』）

この小町伝説の内容は、実は次にあげる『三国伝記』（応永十四年〈一四七〇〉以降成立）の記述による。

和云、小野小町ト言、美女アリ。出羽郡司小野好実ト言者、昔、大和守ニ成テ上洛シケル時、近江国玉造ノ荘の辺ニテ小女ニ行合テ、即猶子（養女）トセリ。

「近江国玉造ノ荘」を旧野洲郡とする説（『淡海温故録』）があるが、事実とは証明できない。近江玉造荘は小町伝説に大きな影響を与えた『玉造小町子壮衰書』（平安中期〜末期）の「玉造」から発展した架空のものと思われる。この書は杤尾武によると、始め『女人壮衰記』といったようだ。絶世の美女の壮と衰の生き方、浄土への希求の話だが、小町詠歌の「みちのくの玉造江にこぐ舟のほにこそ出でね君を恋ふれど」（『小町集』）と結びついて、女人は陸奥の玉造の小町となった（『玉造小町子壮衰書』解説）。やがて書名は『玉造小町子壮衰書』となり、玉造小町と小野小町が同一視されるようになった。「玉造」を小町の「小野宿」として考えるようになったのは、小野小町の「小野」を「小野宿」に擬して考えるようになったからである。その例は『淡海温故録』で小町の墓がある所を「一説に玉造の庄小野と言ふ」に見ることができる。苦しい説だが、時を経て玉造の庄は小野の庄となり、小野宿という地名が小野小町と結合し伝説化されていく。

一方、小町の父として登場する小野好実（良真・良実とも）も創られた伝説上の人物である。主として歌学（和歌に関する学問）の世界で取り上げられ、小野氏の系図（『尊卑分脈』南北朝時代～室町時代初期）に小町は出羽郡司小野良実の娘として登場するようになる。謡曲「卒塔婆小町」「鸚鵡《おうむ》小町」では「良実が女小野小町」、さらに本稿小野町の小町の出自に関わった『三国伝記』は「小野好実の女、猶子が小町」などと記述されるようになる。「良実の女小町」の伝承は書承から口承へと全国に広がったのである。

> 小野村道の右《みぎ》の上《かみ》に石仏地蔵堂あり。小町塚といふ。小野村といふより、名付けしならん。其の證いまだ考えず。（『近江名所図会』文化二年〈一八〇五〉）

『三国伝記』の小町伝説は元来、近江と関係なかったのである。小野町の小町伝説の成立は『三国伝記』よりずっと後になる。

宝伝記と神授小町丸

小町塚は聖や巫女の唱導の対象になっていったが、江戸中期、小町塚の世話をする家があった。小野村の池上家である。『近江輿地志略《おうみよちしりゃく》』（享保十九年〈一七三四〉）に「小町地蔵尊、あと方もなき虚談也。近村の土人先祖の廟に石像を造り建てたる」ものとの記述がある。「あとかたもなき虚談」とは手厳しいが、現地調査の結果であろう。「近村の土人」とはおそらく池上家を指していると思われる。現当主、池上半太氏の祖は代々「神授小町丸」という赤玉の丸薬を製造販売している家であった。この辺りは鳥居本の赤玉神教丸《あかだましんきょうがん》など、薬の製造販売業者が多いところである。池上家に伝わる古文書『宝伝記』を口語にして要約する。

小町は諸国を廻られた時、小野村に長く滞在されていたが急に体調が悪くなり、医師はいないかと尋ねられたけれど、その意味も通じなかった。天照大神に一心に祈念されたところ、夢の中で白髪の翁があらわれ、この薬を飲みなさいと勧められた。小町はこの薬を服用すると瞬時に快気され、この薬を私たちの先祖へゆずられた。ところが医師と石の取り違いで石塚をこしらえたので、世間一般の人たちは小野の宿の小町は石がお好きだと言って、旅人の者まで石を打ち当てたので、石像（石仏・地蔵の

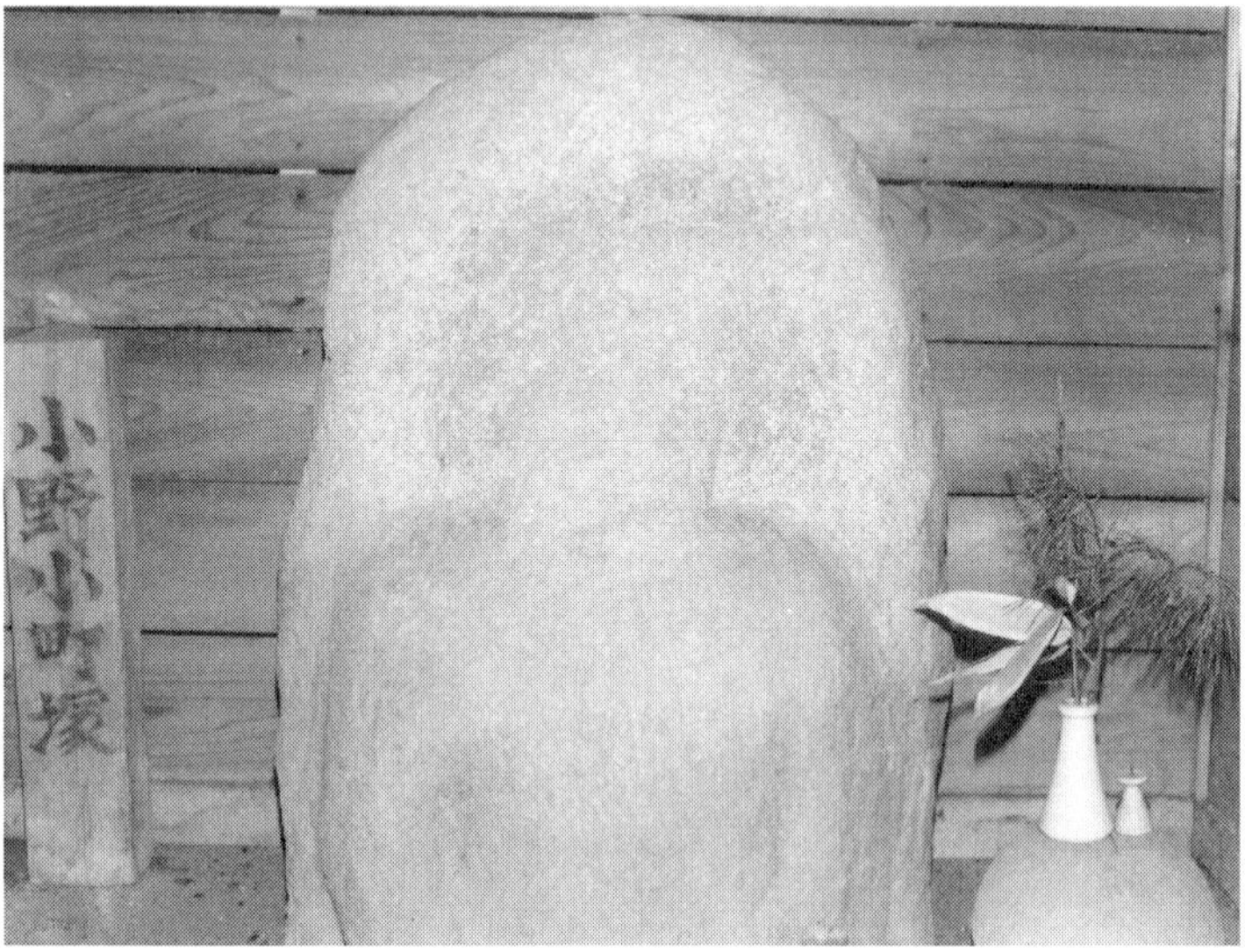

小野の小町塚

こと）も埋ってしまい、石と医師の取り違いの理由も説明できなくなった。

『宝伝記』は当主、池上半太氏の祖父が当時の伝承を生かして書かれたものという。『淡海木《こ》簡《ま》攫《さらえ》』（天明頃、一七八一～八九）の小野村の項には「既に薬店池上半太夫のこと、小町丸を禁中へ奉って菊のご紋を賜ったこと」などが記述されている。『宝伝記』の狙いは赤玉の神授小町丸の薬効宣伝にあったと思われる。

写真が小町塚の石像である。地誌等では小町地蔵尊・小町塚と書かれているが、実際は定印を結んだ阿弥陀如来坐像であることが分かる。阿弥陀様のお顔が欠けていることから池上家の伝承が生まれたのであろう。

小野町以外の小町伝説地

県下には小野町以外に小野伝説地が二つある。一つは小野氏の本貫地大津市小野《おの》に小野道風《とうふう》神社・小野篁《おののたかむら》神社などがあるが、その傍に小町が常にもてあそんだ調度を埋めた「小町手具足塚」（『近江輿地志略』）がある。篁が般若経を埋めた「般若塚」との説もあるので真偽のほどは分からないが、小町の伝説はここから新しく生まれていない。小町を語る巫女・聖の活躍が乏しい環境であったと思われる。もう一つは大津に関所のあった逢坂である。ここには時宗の長安寺があり、寺内には小町の木像があった（『近江名所図会』）。木像は姥神・奪衣婆像とも言い、謡曲「関寺小町」と関連して小町像（月心寺）・小町塚を生んでいく。小野地名でないのに小町伝説地が生まれた大きな理由は往来の激しい街道筋であったことである。その点、彦根市小野町の小町塚も往来の激しい中山道にあった。小町伝説地が街道筋に存在しているかどうかは、一つのキーワードになろう。

東近江市小椋谷の惟喬親王伝説

小椋谷《おぐらだに》は、東近江市の**君ケ畑**《きみ》・**蛭谷**《ひるだに》など、六ケ畑の地域の別称だが、そこに木地師の祖とされる惟喬親王伝説が伝わっている。「惟喬親王御縁起」（仁和五年〈八八九〉とある）がその元となっている。

文徳天皇の第一皇子惟喬親王は第二皇子との皇位継承に敗れ、小椋谷に隠れ住んだ。親王が法華経を読経している時、お経の軸の紐から手綱、回転から轆轤《ろくろ》を思いつき、その技術を杣人に教えた。さらに親王は轆轤の地句柱と軸に刃物をあてる鉋《かむな》に命名（名付け）している。そして、杣人二人に藤原小椋姓（地元の小椋谷と重ねる）と藤原図書姓を名乗るように言われ、地句役に命じられた。これより器の木地の根本となった。これらの記述は極めて具体的だが、逆に木地師の正当性を主張する伝説となっている。小椋谷は木地師（轆轤を使って木地のままの椀や盆などを作る職人）発祥の地となった。縁起書は仁和・延喜の年号を含めて四本あるが、作成年代不審。いずれも偽文書と言われている。当時の偽文書は惟喬親王御縁起に限定されるものではない。網野善彦によると、「室町・戦国期から供御人または『職人』に関係する文書、（例えば鋳物師・木地屋など）が起源の正当性を主張するために盛んに偽文書を作らせた。ある程度の史実を背景に、あるいは特定の天皇との関係を強調した偽文書が『職人』の間で盛んに作られ始め、由緒書として文字に定着していく」（『中世の非農業民と天皇』）と述べている。

しかし、縁起書が偽作・虚構としても、小椋谷に親王伝説の種が成長する土壌があったはずである。木地師（屋）の支配所になった君ケ畑と蛭谷を中心に考えて見よう。

君ケ畑・蛭谷と親王

近江国の旧愛知郡には北畑と南畑に轆轤師が住んでいた。同郡の山中の北畑には「王子ケ畑」「おふち畑」（『信長公記《しんちょうこうき》』）、「大君《おじ》ケ畑」（「浅井家文書」）と地名があり、「王子」「大君」は惟喬親王のことと言われている。ところが、椀・盆づくりの材料が入手困難になったのか、寂れていった。南畑の六ケ畑（君ケ畑・蛭谷・箕川・政所・黄和田・九居瀬《くいぜ》）に轆轤師が移動し、君ケ畑の金龍寺と蛭谷の筒井八幡が活動の拠点になっていく。

君ケ畑は標高約四〇〇mの山中に位置し、元は小松畑といった。天正三年（一五七五）の「金龍寺宛寄進状」に「君畠」とあるのが最初と思われる。惟喬親王が皇位継承に敗れ小松畑に隠棲したので、「君ケ畑と号する事は惟喬親王御座ありしより名づく」（『近江輿地志略』）と言われている。湖東には「畑」の付く地名（甲津畑・君ケ畑・大君ケ畑・脇ケ畑・樽ケ畑など）が多い。橋本鉄男は、畑は焼畑の「畑」か、古代の渡来系氏族依智《えち》秦氏の「秦」の関与の名残か、と述べている（『漂泊の山民』）。

蛭谷は元、筒井村といったようだ。『大岩日記』の項では昼谷と記している。ヒルが多いので蛭谷だという説もあるが、「湿地湿原をさす地形に基づくところをヒル（蛭・昼・比留）という」（『民俗地名語彙事典』）が妥当である。ところが親王に結びつくと「樹木が生い茂り昼なお暗い所だったので、昼滝と言われた（『小野宮御偉績考』）、「親王、滝の水底に日輪の輝くのを見て昼滝、昼燗《ひるかん》（谷のこと）という」（『大岩日記』）と変容する。

親王はなぜ木地師の祖神になったのか

小椋谷の人々は山の民である。土地の神として何を祀っていたのか。木地山として考えられるのは山の神である。君ケ畑の大皇器地祖《おおきみきじそ》神社は惟喬親王を祀り、木地師発祥の地と言われている。境内には杉の巨木の傍に山の神が祀られている。木地師の挿絵（『斐太後風土記』）にも山の神が祭られている。蛭谷・筒井神社の木地屋根源地の神軸には後ろの正面に惟喬親王、その前に十二単の女が轆轤の手綱を挽き、衣冠束帯の男が椀を削っている。神軸には山の神は描かれず、惟喬親王は正面の位置に描かれている。

山の神を祀っていた小椋谷の住民はどうして惟喬親王を木地師の祖神として祀るようになったのか。小椋の庄は親王の子、兼覧王《かねみおう》の所領だったからとする説がある。延喜十一年（九一一）、兼覧王が神祇官《じんぎかん》（皇室の祭祀を掌る）に任じられているので神祇伯白川家と結びつく。親王の住まいとされる金龍寺（高松御所）は神祇伯白川家と深い関わりがあったという。魅力ある説だが史料に乏しい。現在、橋本鉄男の研究・調査により明らかになってきたのは斧神・小野神信仰から小野宮惟喬親王への混同である。橋本は概略次のように述べている。

筒井の八幡社は轆轤師から鍛冶神の信仰を受け継がれ、祭神が親王に変容する。和邇（大津市）にある小野神社は小野氏の氏神で二座の祭神をもっている。一座は天足彦国押人尊《あまたらしひこくにおしひとのみこと》、一座は鏨着大使主命《たがねつきおおみのみこと》で、後者の「鏨」とは鉱石を切る「のみ」で、小野神は斧神ではないか。鍛冶神を象徴化した名前と思われる。小野社の付近は製鉄の遺跡がある。君ガ畑には銀山があった記録がある。

木地師の使う轆轤鉋《かんな》は木地に刃物をあてて削っていくので、刃こぼれしない鋭利な刃物が必要である。木地師宅にはフイゴがあり、鍛冶の先進技術が要求される。木地師が小野神を受け入れるのは自然の成り行きだった。和邇の小野氏本願地の斧神（小野神）と比叡山の山麓の小野宮惟喬親王がどちらともなくオーバラップして、次第に習合されていった。

その結果は御縁起と呼ぶ作成年代不審の縁起書に集約されている（『漂泊の山民』）。

小椋谷の親王伝説の特徴と広がり

惟喬親王を木地師の始祖として身近なものにするために、小椋谷の各地に親王にまつわる伝説が生まれてくる。次の出典は①②③が『君ケ畑の民俗』、④⑤が『木地師の習俗Ⅰ』による。

① 御池岳の山上にある御池は親王が山上で天に祈られたところ、水が湧き出した。
② 君ケ畑にいる有馬殿の先祖は親王流寓の時についてきた馬丁の末裔という。
③ 君ケ畑に雷が落ちないのは親王が雷封じの桂の木を村の四方に植えられたから。
④ 親王が大萩を経て筒井にこられた時、途中の地蔵ガ平の桜木は親王のお手植えという。筒井峠には親王が駒をつないだコマツナギ場を伝える。
⑤ 親王が多賀の宮へお参りの時、その目印に植えられた木がロクロギ峠に残っている。

地名・山名・樹木などと親王といかに関わっているかを伝える由来譚が多いのが特徴である。だが、伝承の厚み、例えば家族・子供などの伝承は殆ど見られない。が、時を経て、地元では親王さん・親王さんと親しげに呼ぶようになる。親王は村人の生活の支えとなり誇りとなっていく。そして、親王は少しずつ格上げされる。筒井八幡は宇佐八幡を勧請したものだが、親王が鍛冶神を勧請したものとなり、やがて親王は八幡の祭神の一人になっていく。親王を祀る大皇器地祖神社、さらに親王の墓所が小椋谷に三か所もあるのも、職人の祖として身近な存在になった証であろう。

木地師は、椀・木鉢などの原木が無くなると、原木を求めて山地を移動した。小椋谷の木地師も、材料が不足してくると、良材を求めて全国に四散する。四年前後で他の山へ移動を繰り返す漂泊者であった。村里からの畏怖、言われなき蔑視・異人視される身にとって、実は身分が高いという出自を誇示する必要があった。惟喬親王の臣の末裔とする伝承が身分を保障した。それがまた己の矜持となった。

君ケ畑・蛭谷の支配所は各地の山を移動する木地師（氏子）のために、巡国人を派遣した。巡国人は全国に散らばった氏子に綸旨《りんじ》・縁起文書・免許状などを渡し、上納金を受け取った。これを氏子狩《うじこがり》（駈）というが、氏子狩は親王伝説を全国に広める所以となった。

偽文書から始まった惟喬親王伝説は杣人の貴種への願いを受けとめ、ウソから出た真をマコトとし、王権を巧みに利用して身分を保障し、生活の向上をもたらしたのである。

（明川忠夫）

第8章　近江の山岳信仰ゆかりの地名

原初的な信仰による山の名前

近江は、県内の約半分の面積を占める山々が、六分の一を占める琵琶湖を取り囲んでいる。朝な夕なに仰ぎ見る山稜の崇高な姿は、人々の心に信仰心を芽生えさせていく。

古代の人々は、亡くなった人々の魂は山へ帰ると考えた。山に帰った祖霊たちは山の神ともなっていく。稲作文化が始まると、春には山の神が里へやってきて、田の神として恵みをもたらせ、収穫が終わるとまた山へ帰っていくと信じた。つまり、人々の生活の場と祖霊や神々の世界とは繋がっていたのである。その結束点、つまり、神々をお迎えする場所として、里近くにある円錐形の姿のよい山が特に重視されてきた。

それらの山々を神奈備山《かむなびやま》（神体山）と呼ぶが、その典型例を**三上山**《みかみやま》（四三二m・野洲市）に見ることが出来る。近江富士と呼ばれる秀麗な姿だけでなく、頂上にある磐座《いわくら》は、神の降ります場所としてふさわしい。山頂には御上《みかみ》神社の奥宮の祠が鎮座する。里宮は麓にある

三上山山頂の奥宮と磐座

が、御神体は三上山そのものであり、里宮の元は遙拝所であったと思われる。

三上山の表記から、「三つの山頂を持った山」と思われがちだが、頂上は雄岳・雌岳の二座からなる。また、南山腹に女山と呼ばれる小さなコブがあるが、主峰とは格が違いすぎ「三つの峰」にはならない。とすれば、神社名の表記に見られるように「ミ(敬意を表す接頭語)+カミ(神)+ヤマ(山)」の意味であろう。平安時代に編纂された『和名抄《わみょうしょう》』に当地が「三上(美加《みか》無《む》)郷」とあるのも、この山への思い入れに由来するのであろう。

なお、カミ(神)の「ミ」と、カミ(上)の「ミ」とは上代仮名遣いでは使い分けされていて別語になっていたが、同源語であると認められる。そして、その音韻の区別も平安時代以降にはなくなってしまったとみられている。

原初的な信仰の対象となってきた山には、普通名詞に近いような、素朴で直截的な命名が少なくない。湖南アルプスの最高峰・**太神山**《たなかみやま》（六〇〇m・大津市）もその一例である。頂上の巨大な磐座にぴったりくっつくように、舞台造りの不動寺本堂が建立されている。貞観元年（八五九）に智証大師によって開山されたと伝えられるが、田に水をもたらす神の山としての信仰はそれより古い。かつて「田（の神）」であったものを、「太（太いの意味ではなく、非常に大きい、素晴らしいの意味）」と表記を改めたのであろう。

他に、リトル比良の主峰として知られる**岳山**《だけやま》（五六〇m・高島市）や**峯山**《みねやま》（五三二m・高島市・長浜市）・**岩尾山**《いわおさん》（四七一m・甲賀市）・**嶽山**《だけやま》（三八五m・甲賀市）・**山本山**（三二四m・長浜市）等も、基本的には同じ命名法であろう。

初期の修験道行者が開いた山の名前

六世紀に仏教が伝来し、各地に鎮護国家のための寺院が建立される。一方、それに飽き足らない人々が、悟りを求め、山に修行の場を求める。日本古来の山岳信仰と仏教とが融合し、神仙思想等も取り入れ、修験道という独自の神仏習合の宗教に育っていく。その開祖とされるのが役小角《えんのおづぬ》（伝六三四～伝七〇一）で、前鬼《ぜんき》・後鬼《ごき》という夫婦の鬼を連れ、高下駄を履き、錫杖を持ち、岩窟に坐す姿で描かれる。彼は謎に満ちた人物で、役行者開山と伝えられる霊山は、北は秋田から南は鹿児島まで全国各地に見られる。

近江でも、奈良時代以降、小角の他に良弁《ろうべん》・行基・最澄・三修・泰澄などによって開かれたとの伝承を持つ山が少なくない。

甲賀市の名山・**飯道山《はんどうさん》**（六六四m）の頂上近くにあった飯道寺も役行者の開山とされる。享保十九年（一七三四）成立の『近江輿地志略《おうみよちしりゃく》』によれば、和銅年中に金勝寺の安交が中興したとある。「近江の大峰山」と称されるほど修行の盛んな場となったが、のちに再び廃寺となり、現在は飯道《はんどう》神社のみが鎮座している。同社本殿の床下から発見された千余点の懸仏《かけぼとけ》等が、当時の繁栄ぶりを伝えてくれている。

飯道神社は、『延喜式』に載る飯道神社の論社（確定はしていないが可能性の高い神社）である。『延喜式』では「イヒミチ」と読ませている。『金葉和歌集』の歌に「あふみにかありといふなるかれひやまきみはこえけりひととねぐさし」とあり、この「かれひやま（餉令山）」は飯道山を指す。「餉」は「カレイイ（乾飯）」の意味で、「飯」とほぼ同じ用例であろう。また、室町時代の『飯道山古縁起』に「（参拝の時は）石楠花《しゃくなげ》の葉に盛った飯を道標として尋ねて来い」とあること等からも、やはり「飯（米・稲作）」に関係する命名であることが分かる。つまり、古代の人々が田の神、稲作の神として祀ってきた山を、修験道の開基と共に仏教的に「ハンドウ」と音読させたのだろう。ここにも、民間信仰が修験道と集合し、吸収されていった歴史の一端が垣間見られる。

近江第一の高山・**伊吹山**《いぶきやま》（一三七七m・米原市・岐阜県揖斐川町）にも役行者開山の伝承が残る。また、僧三修が仁寿年間（八五一～八五四）に山中に寺を建て、修験の道場を再興したとされる（『日本三代実録』）。薬草で知られるこの山は、加持祈祷をする修験者達にとって魅力的であったに違いない。

山麓には式内社・伊夫岐神社が鎮座する。他に伊富貴・伊服岐・夷服岐などの表記も見られるが、基本的な名称が「イブキ」であったことは揺るがない。

『古事記』には、この山の荒神退治に出かけた倭建命《やまとたけるのみこと》（『日本書紀』では日本武尊）が大氷雨にやられ、やがて罷ったという有名な話が載っている。伊吹山は日本海側の強風をまともに受ける場所で、天候は不安定であり、山頂から吹き下ろす強烈な風は「伊吹おろし」と呼ばれてきた。古代人にとって風は神の息吹であった。そして、急変しやすい天候や強烈な伊吹おろしを荒ぶる神のしわざと考えたに違いない。イブキは「山の息吹き」で、古代人が畏敬の念を持って命名した山名とするのがほぼ定説とされている。

一方、イブキを製鉄集団に由来する地名とする説もある。「フキ」は「フク」の名詞化であり、「フキ」を「金属を精錬するために強い風を送ること」の意味ととる。各他の鉱山のあった地でよく見られる地名である。また、古代の製銅・製鉄の職能氏族・伊福部《いふくべ》と関連づける説や災害地名説などもある。

天台修験道の行場としての山の名前

最澄と空海が唐から帰国し、当時最先端の仏教思想であった密教をもたらす。即身成仏を可能とする密教は山中での修行を重視した。その思想は、霊山を信仰し、厳しい修行によって六根を清浄し、高い呪力を得ようとする修験道と酷似していた。最澄は比叡山を修行の場としたため、近江では天台宗と修験道との融合が進んでいくことになる。

比叡山延暦寺は、最澄が延暦七年（七八八）に一乗止観院（根本薬師堂・経蔵・文殊堂の三堂）を建立した事に始まる。延暦寺の名は元号に由来する事は明らかだが、**比叡山**の語源については諸説あって、通説と言えるものはない。

①朝日此の山に出て漸く其の枝に昇る故（室町時代の辞書『下学集《かがくしゅう》』）

②上古は此の山樹木繁茂して、日光樹枝に遮蔽せらる。故に日枝山と名《なづ》く（高頭式《たかとうしょく》）

③「ヒエヤマ（聶山）」の意で、断崖を伴う山名に用いる（吉田茂樹）
④「ヒエ」は「冷え」で寒冷地の意味（鏡味完二他）

比叡山に「平安京の丑寅の鬼門を護る」という役割が出来たのは平安遷都以降で、歴史的には奈良時代から既に修行者が入山しており、八世紀中頃に成立した『懐風藻』にも「稗叡《ひえい》はまことに神山」（原文は漢文）と詠まれている。比叡山は琵琶湖側から見るべき山であり、坂本の日吉大社側から登るべき山と考えられていた。

日吉（大社）は、かつて日吉・比叡・碑衣・日枝等とも表記された。『古事記』にも、「（大山咋神《おおやまくいのかみ》は）近淡海国の日枝の山に坐《ま》し」として出てくる。『延喜式』（九条家本）には「ヒエ・ヒヨシ」の両訓が付してあるが、後に「吉」という嘉字（好字）を当てたと考えれば、元々は「ヒエ」であった可能性が強い。

日吉大社の奥宮が鎮座する**八王子山**（牛尾山とも・三八一m・大津市）は端麗な神体山の山容である。頂上付近の巨大な「金《こがね》の大巌《おおいわ》」と呼ばれる磐座が古代からの信仰の対象であった。かつては単に「日枝《ひえ》（神社）の山」と呼ばれていたのが、仏教導入により仏教的な名称に変えられてきたのであろう。

里から眺めた時、円錐形の山の上に巨岩が見える。それが朝日に当たって輝く姿に古代人が畏敬の念を抱くのは当然であろう。「ヒ」は太陽であり、太陽信仰を表すと考えたい。

しかし、「エ」を「木の枝」に限定する必然性はなく、残念ながらその語源は確定できない。このような、よく耳にする二音の地名は、その語源が分かりにくいものが多い。

比叡山の千日回峰は有名だが、その祖とされるのが、天台修験の創始者である相応和《そうおうか》尚《しょう》（八三一〜九一八）である。彼は比叡山での修行に満足出来ず、より厳しい行場を求めて**比良山**《ひらさん》系に入り、葛川《かつらがわ》谷深くの草庵に入る。ある日、地主神である思子淵《しこぶち》神が一老翁として現れ、「此の地は思子淵神が司ってきた聖地だが、和尚は特別の聖者だからこの地で修行されたい」と告げる。その後、相応は奥ノ深谷の三ノ滝で不動明王を感徳し、明王院を建立する。貞観元年（八五九）のことであったという。つまり、地主神から相応への一種の「国譲り」が行われ、比良山系は修験の道場となり、俗に「比良三千坊」と言われるほどに発展していくことになる。ただし、これは伝承であり、歴史的にはそれ以前から南都の僧達が入山していたのが事実らしい。

比良山系は南北約三〇kmに連なっている。琵琶湖側も葛川側も鋭く切り立った山容で、奇岩も多く、谷も深いという修行に適した地であった。主な語源説は二説ある。

①「ヒラ」＝「平」で、山頂が準平原で平坦状になっているのに由来。

②「ヒラ」＝崖等の傾斜地形を表す古語。

②の根拠として、『古事記』に、伊邪那岐命《いざなぎのみこと》が、亡くなった妻・伊邪那美命《いざなみのみこと》に会うため

に、根の国へ通じる黄泉比良坂《よもつひらさか》を通ってヨモツクニへ行くという用例がある。当時は死者の住む世界は地下にある穢れた場所と考えられていたから、黄泉比良坂は「黄泉の国に通じる傾斜の急な坂」の意味であろう。

『万葉集』巻七の一一七〇番の次の歌が考えるヒントを与えてくれる。

ささなみの　連倉山《なみくらやま》に　雲居れば　雨そ降るちふ　帰り来わが背

この連倉山は比良山系を指すと考えられる。「嵒・嵓（クラ）」は「岩」の本字であり、大台ヶ原（奈良県・和歌山県）には大蛇嵓《だいじゃぐら》・千石嵓など、巨岩が屹立した地形を表すのに使われている。また、上信越の国境に位置する谷川岳の急峻な谷には「一ノ倉沢」の名前が付けられている。つまり、万葉歌人には「連倉山＝鋭い谷や崖（クラ）が連なる山」と認識されていたのであり、②の解釈が適切であると言えよう。

比良山系の主峰・**武奈ケ岳**（一二一四m）はブナ林による命名（現在の山頂付近にはなくなっが、近くのコヤマノ岳付近にはブナ林が見られる）だが、仏教関係・修験道関係等で命名された地名も多く残っている。権現山・ホッケ山・堂満岳・**釈迦岳**・岩阿沙利山・地蔵山・阿弥陀山等の名前である。第二の高峰・**蓬萊山**《ほうらいさん》（一一七四m）は、道教の流れを汲む神仙思想で東の海上にある仙境を指す言葉であり、仏教で言う妙高山・須弥山《しゅみせん》に匹敵する。また、山中には薬師ノ滝・地蔵峠・毘沙門岩などの名前も見られる。

なお、琵琶湖アルプスゴンドラの山頂駅として賑わう**打見山**《うちみやま》は、比良山系の稜線では珍しく、直下に「天命水」という湧き水が出ている。ゴンドラが出来る以前には、近くにカマボコ型の小屋（打水道場）があり、行者が住んでいた。「打つ」には「勢いよくしたたり落ちる」という意味があり、「ミ＝水」と理解すれば「打見山＝勢いよく水が湧き出る山」の意味となる。また、釈迦岳は、単に「釈尊を祀った山」ではなく、湖上から見るとその稜線が「釈迦の涅槃像」に似ていて、その頭に当たる部分を指す名前である。これは三重県との県境に位置する鈴鹿山系の釈迦ケ岳（一〇九二m）にも見事にあてはまる。

湖北の山岳宗教にゆかりの山の名前

木之本町の東にそびえる**己高山**《こだかみやま》（九二三m・長浜市）も、中世には、山頂近くの観音寺を中心に山岳仏教が大いに栄えた地であった。同寺の縁起は、行基（六六八〜七四九）が堂宇を建立し、泰澄（六八二〜七六七）が修行をし、最澄が堂宇を再興したと伝えている。廃寺となった現在、多くの文化財が山麓の**鶏足寺**《けいそくじ》（旧飯福寺）に保存されている、鶏足寺は、釈尊の高弟・迦葉が亡くなったとされる古代インドの鶏足山に因んだ名前である。

標高八〇〇m以上の場所で多くの修行者が生活するとなれば、一番の問題は生活水をいかに確保するかである。己高山頂近くの寺院跡を訪れると、今も多くの石塔や石垣が残っているし、水の湧き出ている所もある。先に触れた打見山と同じである。

己高山はかつては「小高見山」と書かれていたこともあり、「コ（接頭語）＋タカ（高い所にある）＋ミ（水が湧き出る）＋ヤマ（山）」の意味であろう。

己高山の南、山城《やまじろ》で有名な小谷山の東南にある**天吉寺山**《てんきちじやま》（九一八ｍ・長浜市）も、かつては山頂近くに大吉寺という山岳寺院があった。平氏に焼き払われ、織田信長にも焼き払われたとの受難の歴史を持つ。近世になって廃寺となり、石垣等が草木に埋もれている。

大吉寺の縁起によると、粟津（大津市）にあった天吉寺の観音像が洪水で流されたものが漂着し、この山に祀ったのが始まりとされる。山名が寺の旧名を残しているのに対して、寺名が「大吉寺」に変わったのは、延暦元年（七八二）の洪水で「天吉寺」の額が流され、一画目がとれて「大」の字となったためとされる。伝承をそのまま信じるわけにはいかないが、改名にはどのような事情があったのか、興味は尽きない。

以上、山岳宗教ゆかりの近江の地名を見てきたが、紹介したのは極一部でしかない。近江の山々には、まだまだ驚くほど多くの遺跡と伝承が残されている。

（小寺慶昭）

近江の峠名

古代の三関《さんげん》と呼ばれたのは不破関・鈴鹿関・愛発《あらち》関で、いずれも近江から出て、美濃・伊勢・越前へと抜ける峠道にあった。湖国は、山だけでなく関と峠に囲まれた国でもあったのだ。

峠は異界との境界であり、疫病をもたらす悪霊の入口でもあった。人々は塞《さえ》の神等を祀り、村を守った。やがて旅人が旅中安全を願って手向けをするようになる。このタムケをトウゲの語源とする説が有力である。しかし、トウゲそのものは室町以降（平安以降との指摘もある）の言葉とされる。古くは「坂」であったのが、「越（こし・こす）」となり、「峠」と変化してきたとされている。

高島市には近江坂という古道が残る。若狭国倉見荘《くらみのしょう》から近江国河上荘へ、約七〇〇年前に「大般若経」六〇〇巻が運ばれた道としても知られている。京都市山科区と大津市を結ぶ逢坂関（逢坂峠）も、かつては「逢坂越」であり、それ以前は「逢坂」であり、古称の面影を残している。

仁和二年（八八六）に拓かれた鈴鹿越も、今は鈴鹿峠の名で呼ばれている。大津市と京都市の大原を結ぶ仰木越も、現在の表示では仰木峠と書かれることが多い、しかしその一方で、山中越・龍華越・愛発越・千種越・信楽越・岩間越など、「越地名」が今も健在なのはなぜだろうか。

考えられる理由は、「峠」と「越」との各々の言葉が示す範囲が一致していないことであろう。「峠」はその道の途中で最も標高の高い場所（ポイント）を指していて、その前後をあえて言うなら「峠道」である。「越」の場合は、峠だけではなく、その前後の峠道をも含む言葉である。高島市今津町から福井県小浜市までを結ぶ国道三〇三号が「九里半越」と呼ばれ、国道一六一号線の、同マキノ町から敦賀市へ抜ける山越え道が「七里半越」と呼ばれるのが、「越」の特徴をよく表している。「峠」は越えるべき場所であり、「越」は通っていくべき道程なのである。だから、「越」の全てが「峠」に取って代わられることはない。

ところで、高島市の西北部に、全国的にも珍しい「峠」の用法例がある。それは、近江・若狭・丹波三国の国境に位置する「三国峠（七七六m）」という山名である。国土地理院地図に「三国岳」とあるのは正しいとは言えない。「近くの三国岳（九五九m、丹波・近江・山城の国境）と区別するために三国峠と呼ぶ」としている本もあるが、それは納得できない。なぜなら、すぐ近くに、傘《からかさ》峠（九三五m）・天狗峠（九二八m）・ブナノキ峠（九三九m）などがあり、これらもれっきとした山名として扱われているからである。

三国峠という山名について、登山家であった森本次男は「山頂を越える峠道があったのではないか」と推理する。しかし、肩の峠から約一〇〇m差の急坂をわざわざ頂上まで登る生活道路などあり得ないし、その利点もないとするなら納得できない。

そもそも山名を頂上中心に考えるのは、登山がスポーツ化して以降の近代的な発想であり、かつては山域全体を指すことの方が多かった。山腹や谷川の方が村人の役に立ち、生活に密着していたからである。富士山も山頂だけが富士山ではなかったのである。

それではなぜ「○○峠」という山名があるのか。思うに、「山のあなた」との境界は、峠を含む稜線としての線である。この地域では、ポイントを表すはずの「峠」が、ライン（稜線）を含む言葉として認識されていた。つまり、峠と稜線やピークを特に区別せずに峠名で呼んでいた。後にやってきた外部の人達が山名を地元の人に尋ね、山頂名として受け取ったためではないか。

峠は「山のあなた」が初めて見える場所であり、それに連なる稜線は一種の「結界」である。他国をより遠くまで見ようとした村人達は、峠に飽きたらず、山頂まで足をのばしたに違いない。彼らにとって峠と山頂との区別はあまり意味がなかったのであろう。

（小寺慶昭）

第9章　佐々木氏ゆかりの地名

佐々木（沙沙貴）氏の名前の由来

近江の歴史は、守護や地頭として鎌倉・室町時代に長く近江を支配し、近世には京極氏として大名に名を連ねた**佐々木**氏の活躍抜きには語れない。

全国の佐々木姓のルーツともされる近江の佐々木氏の「ササキ」や、『記紀』にも登場する古代豪族・沙沙貴山君《ささきやまぎみ》の語源については、代表的な説が三つある。

①　狭狭貴《ささき》山君が陵戸《みささぎのへ》（雀部《ささきべ》）であったことにちなむとする説

②　蒲生郡篠笥《ささけ》郷が、荘名となり氏名となったとする説

③　沙沙貴神社の祭神・仁徳天皇の名「オオサザキ」に由来するとの説

『日本書紀』によれば、雄略天皇が狭狭城《ささき》山君韓帒《からぶくろ》宿禰と謀り、市邊押磐皇子《いちのべのおしはのみこ》を狩に誘って射殺する。その罪で顕宗天皇が韓帒宿禰を前天皇の御陵を管理する陵戸（雀部）に落とす。しかし、後に、狭狭貴山君倭帒《やまとぶくろ》宿禰に、韓帒宿禰が剥奪された狭々貴山君の氏

姓を与えられた。ただ、陵戸となった韓帒宿禰と、倭帒との関係は『古事記』にも特に記されていない。なお、孝元天皇紀の、皇子大彦命を祖とする阿部臣など七氏族の中にすでに狭狭貴山君の名があり、韓帒宿禰以前に狭狭貴山君が存在していたことも確認できる。

雀部は、律令制において山陵の警備に従事する役で、『和名抄《わみょうしょう》』の三河国、上野国、丹波国にもそれぞれ「雀部」の地名が見られる。「ミササギ（陵）ノ（の）へ（部）」（雀部）が「ササギへ→ササケ」となり、役職名が地名になったと考えられる。

②は、地名「ササケ」が人名「ササキ」になったとする説だが、逆に「ササギへ」が「ササケ」になったと考えるべきであろう。③に関しては、沙沙貴神社の社名起源として、少彦名命が鷦鷯《みそさざい》の羽模様の服を着ていたなどの伝承があり、また、ミソサザイは古くはササキ・サザキなどと呼ばれていて、仁徳天皇の名前にもなったことによるとする。ただ、③の説は時代的にも無理があり、ササキの音から生まれた説であろう。よって、①の説が妥当であろう。

佐々木秀義と油日合戦

平安時代に、宇多天皇の皇子敦実《あつざね》親王の系統である源成頼《なるより》が佐々木庄（現近江八幡市）へ下向し、地元の豪族沙沙貴山君と共存した。この成頼が荘名を採って佐々木を名乗ったのが宇多源氏佐々木氏の始まりと考えたい。その後、佐々木氏は各時代に分家を多く出すことになり、各分家は根拠地の地名等を冠した氏を名乗るようになる。

三代目季定（為俊説もある）の猶子源三秀義《ひでよし》（一一一二〜八四）は、源為義の娘を娶り、源頼朝の父義朝と義兄弟となる。保元の乱（一一五六）で勝利した義朝に与して力をのばし、沙沙貴山君より優勢となるが、平治の乱（一一五九）に破れて所領を失い、相模国の渋谷重国（平氏）の庇護を受ける。重国の娘を娶り、子をもうけ、この地で二〇年間を過ごした。

治承四年（一一八〇）、頼朝の平家打倒の挙兵に伴い、秀義は子の定綱《さだつな》、経高《つねたか》、盛綱《もりつな》、高綱《たかつな》らを馳せ参じさせた。四男高綱の有名な「宇治川先陣争い」をはじめ、息子たちは西国の平家と転戦して軍功をあげた。

元暦元年（一一八四）七月、伊勢や伊賀にいた平家の残党が近江に進入するとの報に接し（三日平氏の乱）、秀義軍は**油日**《あぶらひ》で残党達を迎え撃つ。この「油日合戦」で秀義は戦死するが、五男義清《よしきよ》らは奮戦の末残党軍を打ち破った。

当地の油日神社（甲賀町油日）は、油日岳（六九四ｍ）の山麓に鎮座する。山頂に油日大明神が降臨し、油の火のように大光明（油火）を発したという伝承があり、大明神の降臨の太陽のような輝きを「油日」と形容するようになったとする。油日の油を荏胡麻《えごま》から採取したとすると、付近はその産地だったと推定できる。なお、近くの甲賀町隠岐に佐々木義清が建立した椿神社があり、椿油の可能性も否定できない。

油日合戦では、現甲賀市甲賀町にあたる**五反田《ごたんだ》・余野《よの》・田堵野《たどの》・上野・下野**などが戦場となった（『源平盛衰記』）。五反田は東を杣川支流の五反田川が流れる丘陵地で、伊賀へ抜ける杣街道が通る。五反田は、移住者が一人五反の田を開拓し、私有化したことにちなむ地名である。余野は五反田に付属し、まさに「五反に余る土地」の意味であろう。

平家の残党側は上野や田堵野に布陣した。上野は杣川右岸に位置し、文字通り「低い丘陵上の野」を表す地形語であり、南の平坦地にある下野と対の地名であろう。田堵野は天平一五年（七四三）の「永世私財法」以来、有力百姓の田堵《たと》（平安時代の荘園において荘田を耕作して年貢・公事《くじ》を納付する農民のこと）が開発し私有地としたことを意味する。これらの地名が示すように、付近一帯は豊かな田園地帯であった。

甲賀町**隠岐《おき》**の地名も佐々木氏に関係する。合戦後に秀義の五男義清が隠岐の国の守護（『太平記』では隠岐判官とも）となったことによる命名である。

なお、**甲賀**は『和名抄』『日本書紀』などに、甲可、甲加、鹿深臣、鹿深山とみえる（第1章参照）。「カフカ」の語源を、「ムカフ・カ（向処）＝向かっていく処」で、野洲川を遡って来た古代人が鈴鹿山に向かって入って行く処とする説があるが、根拠に乏しい。百済系の甲賀村主《すぐり》の根拠地であり、「カ（ハ）フカ（川深）」とする説の方が説得力に勝る。「鹿深」の表記からしても、「コウカ」とするのが古代からつづく読みと言えよう。

佐々木厳秀と定綱

建保五年（一二一七）、秀義の六男佐々木厳秀《かねひで》が神主を勤めていた苗村《なむら》神社の社殿が、竜王町**川守《かわもり》**に建立された。川守は、建立の際の代官を「河守四手」が勤めたことに由来するが、もともとは河川交通を管理する役職名であろう。この厳秀は、後に犬上郡吉田（現豊郷町）に根拠地を移し、吉田姓を称した。

厳秀の居城であった野寺城は、**雪野山**（別名野寺山・竜王山）の南東、ヒノキ山々頂の野寺城遺跡の地にあったとされる。雪野山は雪野寺にちなむ。同寺は白鳳時代建立の古い寺院で、その跡は雪野山南西麓の龍王寺境内にある。龍王寺はかつて「安吉山瑠璃光院雪野寺《あぎさんるりこういんゆきのでら》」と称していたとされることからも、雪野寺を継承する寺院と考えられる。

秀義の嫡男佐々木定綱（一一四二〜一二〇五）も近江守護・検非違使となり、延暦寺との間で宿命的とも言える紛争を繰り返すことになる。その一つに、千僧供養荘園《せんそうくようしょうえん》（現近江八幡市**千僧供町《せんぞくちょう》**）に関する事件がある。荘園名は、平家一族が佐々木荘の年貢の一部を清盛の菩提を弔うため延暦寺に寄進したことに由来する。建久二年（一一九一）、この貢納をめぐる争いで、二男定重が叡山の神鏡を破り僧兵二人を切り殺したことにより、定綱は薩摩流罪、定重は衆徒に虐殺される。その後、後白河法皇一周忌の恩赦で、頼朝は定綱を近江守護に復帰させ、隠岐国の地頭にも任じた。

承久の乱と佐々木氏の分家

大津市に**三穂（保）ヶ崎**（現浜大津四丁目）と、瀬田川の**供御瀬**《くごのせ》（現大津市田上）という地名がある。「三穂（ヶ崎）」は静岡県の「三保（の松原）」と同じ意味の言葉で、砂嘴《さし》のように、沿岸流により運ばれた砂礫が湾口の一方の端から海中に細長く堆積して堤状をなす様を言い、「ほ（穂など）」はここでは突き出した地形を表す。供御瀬は、瀬田川を流れる土砂が、すぐ南で合流する大戸川の水流に押しとどめられ、当地点に堆積して形成された浅瀬である。供御は平安時代、朝廷に氷魚《ひお》などを献じた田上網代《たがみあじろ》にちなむとされる。大海人皇子が近江京から吉野へ逃れる際、この瀬を渡り**黒津**《くろつ》へ着いた時、村人が供御を献じたとの伝承もある。黒津は、地形的には「くろ（畔・畦）＋津」と理解したい。

承久三年（一二二一）の承久の乱で、佐々木氏一族は敵味方に別れ、幕府軍には定綱の四男信綱《のぶつな》と嫡男重綱《しげつな》、官軍には定綱の嫡子広綱《ひろつな》、甥の高重（戦死する）がついた。勝ち残ったのは幕府側で、信綱は近江守護職と京都の六角東洞院《ろっかくひがしのとういん》・京極高辻《きょうごくたかつじ》両館を引き継ぎ、多くの所領を得た。

その後、信綱は隠棲するにあたり、母が北条泰時の妹であった三男泰綱に佐々木惣領職と近江守護職・佐々木荘の館と京都六角東洞院の館、さらに、近江の南半国を譲った。六角東洞院の館は、東洞院六角上ル東側一町四方の地にあり、泰綱はこの館にちなんで六角氏を名乗り、六角佐々木氏の祖となった。四男氏信《うじのぶ》には、近江の湖北六郡を分与し、坂田郡柏原《かしわばら》の別邸と京都京極高辻の館を与えた。この館は、東京極通（寺町通）高辻西側一町四方の地にあった。氏信はこの館にちなんで京極氏を名乗り、京極佐々木氏の祖となった。また坂田郡大原荘が与えられた信綱の長男重綱は、大原氏の祖となった。さらに高島郡田中荘が与えられた次男高信は、高島氏の祖となった。このように信綱の息子たちが分家していくことで、佐々木氏の勢力は分散し始める。

六角佐々木氏が本拠としたのは、**繖山**《きぬがさやま》（四三三m）の観音寺城で、山頂近くにある観音正寺を権威として取り込む形で築城した。繖山は山容が絹笠に似ることによる。山麓に接する石寺地区にある**源三谷**《げんぞうだに》は佐々木源三秀義にちなむ地名と伝わっている。

観音寺城の特徴は、日本五大山城に数えられるほどのスケールと、山腹にも石垣を多用

沙沙貴神社本殿

した多くの曲輪群が造られていることである。今も一〇ｍを超す石垣が見られる。城の大手口は南麓石寺の西端と伝えられ、石階段の上り口が残る。

観音寺城の城域は、安土山と接する繖山北西麓の安土町**下豊浦**《しもといら》（現近江八幡市）から西麓の**桑実寺**《くわのみじ》・**宮津**、南東の**上豊浦**《かみとようら》を経て、南麓の**石寺**・**石寺栢尾**《かやお》と続き、さらに五個荘**清水**《しみず》**鼻**《はな》（現東近江市）を迂回し、東麓の川並に至る、実に延々五㎞に余る雄大さである。守護として活躍し、在地領主として南近江を治めていた六角氏の権力の巨大さが偲ばれる。

豊浦《とよら》は、古代の豊浦庄《とようらのしょう》を継ぐ地名で、のちに上豊浦と下豊浦に分かれた。北部に安土内湖《ないこ》、西《にし》の湖《こ》があり、豊浦荘内海（西の湖）に下鴨社、日吉社の神供漁場があった。豊かな浦であり、波音や出入りの船の音が響動《とよ》む地であったのだろう。桑実寺は天台宗繖山と号し、本尊は薬師如来で、寺名は本邦で最初に桑の木を植樹したことにちなむとされる。

宮津は、沙沙貴山君が支配する湖東平野の生産物を畿内に搬出する重要な港（津）であり、宮は沙沙貴神社を指す。

繖山の南西に延びる尾根のピークは竜石山と称され、山頂の巨石を磐座とする神体山である。石寺は石寺という寺名にちなむ。清水鼻は石寺の東にあり、山麓の湧水が豊かで、古代東山道の駅馬一五疋を備える清水駅の西の鼻（端・先）に位置したことに由来する。石寺栢尾の「栢」は「柏」の別体字で、「かしわ」の意と考えられる。「植物名＋尾（生）」の地名は、「その植物が生えている場所」を示すことが少なくないが、当地も「カシワ（かや）の木が生えている地」であろう。

一方、京極氏の祖となった氏信は、湖北の六郡（高島、伊香、浅井、坂田、犬上、愛智）を継ぎ、文永三年（一二六六）には評定衆に列し、坂田郡伊吹町（現米原市太平寺《たいへいじ》）の太平寺に居城を築いた。伊吹山の西斜面の標高約四〇〇ｍの位置にある。太平寺は太平護国寺ともいい、沙門三修の開基で、伊吹山護国寺（伊吹山寺）から分立した四護国寺のひとつである。京極氏の邸館は、美濃に至る交通の要地柏原《かしわばら》庄（米原市柏原）に置いたともいう。柏原は桓武天皇時代に開墾されたとされ、文字通り柏の木の多い原であったのだろう。

元寇（一二七四・一二八一）後、定誓阿闍梨に帰依した氏信は、柏原の館跡に徳源院清瀧寺を建立する。同寺は、後に四国丸亀城主になった時代も含めて五〇〇余年、京極氏の菩提寺となる。寺の裏山には、氏信や歴代当主や分家などの墓碑・宝篋印塔が三十四基も並んでいる。所在地の**清滝**は、京都市伏見区の醍醐寺円光院の鎮守社清瀧宮にちなむ。

足利幕府と佐々木氏

鎌倉幕府倒幕の意を固めた足利尊氏は、元弘三年（一三三三）に六波羅探題を攻撃した。同探題の北条仲時が光厳天皇を奉じて、近江から東国へ落ちのびる際、六角時信が観音寺城に一行を一泊させた。翌朝、一行は「東山道第一の難所」（『太平記』）」と言われた番《ばん》場《ば》（現米原市・第13章参照）まで来たが、佐々木氏同族の京極高氏《たかうじ》（法名道誉《どうよ》・一二九六？〜一三七二）が大軍で一行を阻んだ。近くの蓮華寺は、一行の自害の血に染まったという。

道誉は、京極満信（氏信の三男）の子で傍系だったが、直系の貞宗《さだむね》の猶子となって京極宗家を継ぐことになる。足利尊氏政権下では近江守護に補任《ぶにん》された。その後、柏原から、犬上郡**甲良**《こうら》に進出した。甲良は、古代の甲良《かわら》郷を継ぐ地名である。尊氏と弟直義《ただよし》との争い（観応の擾乱）の後、評定衆や引付頭人などに任じられ、室町幕府を主導した。

なお、高島佐々木高信の孫義綱を祖とする朽木《くつき》氏は、**朽木**荘（現高島市朽木）を本拠とする。朽木は木材の産地として京・大坂にも知られていた。また、朽木谷という天然の要害に恵まれ、朝倉、浅井連合軍が湖北湖西を席捲し、高島、大原両氏が滅亡した時も攻撃を受けていない。朽木氏は足利将軍の近習として活躍し、永正四年（一五〇七）に将軍足利義澄が、享禄元年（一五二八）に足利義晴が、天文二十年（一五五一）には足利義輝がと、京都の争乱があるたびに将軍は当地へ逃れてきた。その度に朽木氏が手厚く保護して忠誠をつくしたという。朽木は、『古事記』にある「木神・久久能智神」の「久久（クク）」が「樹木繁茂の地」の意味であり、語源とする説もあるが、「クク→クツ」の転訛は難しい。また、「朽ちた木が多く見られる」という説も採り難い。素直に「く（樹）＋つ（格助詞）＋き（域・一定の場所・例：葛城）」と理解するのがよいだろう。

俗に「近江を制する者は天下を制する」と言われる。司馬遼太郎が「美濃を制する……」と書いたことのもじりとされるが、言い得て妙である。近江を長く支配してきた佐々木氏は、分家となって力が分散したため、あるいは分家をまとめあげるだけの強烈なリーダーとなる人物が出なかったため、結局は天下人になれなかったと言えるであろう。

（小西宏之）

『平家物語』山吹その後

JR大津駅西側、大津市春日町に、山吹地蔵という小さな祠がある。大正十年(一九二一)八月に大津駅が開業するまで、この付近には秋岸寺(廃寺)という寺があって、木曾義仲に仕えていた「山吹」の供養塔と地蔵が境内にあったという。『平家物語』巻九「木曾最期」には、「木曾殿は信濃より、巴、山吹とて、二人の便女《びんじょ》(侍女・召使い)をぐせられたり。山吹はいたはりあって、都にとどまりぬ」とある。続けて、巴について「色しろく髪長く、容顔まことにすぐれたり」と形容したあと、敵の首をねじ切るほどの大力と荒馬を乗りこなす技量を持つ破格の女武者の姿を描いているが、対照的に山吹は、「いたはり」(病気)で、都に留まったため、名前が見えるだけである。地元の伝承によると義仲を慕って山吹がひとり京よりやってきたが、再会が叶わず、秋岸寺の竹薮で敵の刃に倒れたという(井戸に身投げをしたともいう)。

国鉄大津駅の開業とともに寺が立ち退いたことにより、供養塚は義仲寺に移されたが、地蔵はこの地に残され、当時の国鉄宿舎の主婦たちによって祀られ、昭和五十年の駅舎改築の際に祠が建てられた。山吹地蔵と呼ばれているという。義仲寺の所在地は馬場《ばんば》という。『近江輿地志略』は、西方山手にあった大光寺門前の桜の馬場に由来するという。これは、近世、各藩によくあった地名で、桜を馬場の堤に植えたのでその名がある。現在の大津市膳所中庄付近の小字として残っていたもう一つの桜の馬場付近が、膳所藩の馬場であったのだろう。馬場という地名は、神社の近くにある場合は、神事としての競馬を行った場所であったらしい。いずれにしても木曽馬「鬼葦毛」に騎乗していた義仲にふさわしい地名である。

一方、愛媛県伊予市上灘《かみなだ》にも、山吹が、従者とともにこの地まで落ち延びたが、病のため中山町佐礼谷《されだに》で息絶えたという伝承が残っている。伝承は地名にも影を落としており、山吹の遺骸を笹竹に乗せて曳き登ったので、坂の名は「曳《ひき》坂《さか》」と呼ばれ、坂道を登りきったところで盾を囲いにして野宿をしたので、この場所を築楯《ついたて》と呼ぶという。さらに、墓がある地域を「山吹集落」と呼んで、住民は今も鯉のぼりをあげないといわれている。伝承の細部が地名や習俗に反映しており、大変興味深い。

　粟津の松原における義仲の最期を見届け、壮絶な自死を遂げた今井四郎兼平の劇的な逸話は、『平家物語』の諸説話を語り歩いた人々によって、近江でも流布されたであろう。茶臼山（現・秋葉台）付近にあったという「素黒谷《すぐろだに》」が、兼平の旧蹟であるという記事が『近江輿地志略』に見える。義仲と兼平の最期の地、「粟津野」の「すぐろの薄」は、古歌にも詠まれた。

　山吹の名は、諸史料や『平家物語』の中でも古態を残すと言われる読み本系の延慶本（十四世紀）などには見えず、語り本系の覚一本にしか見えない。山吹は実在したかどうか定かではない。各地の人々の物語への関心・興味に応じて、内容の異なる山吹伝説が生成されていったのであろう。ちなみに高島市の海津にある願《がん》慶《きょう》寺にも、子どもが出家したあと、山吹が、義仲の菩提を弔うために植えたという梅の古木（樹齢は三百年と言われているので、時代が合わない）がある。

　巴の破格の武勇譚とは別に、物語に描かれることもなく、慕情を抱えたまま不帰の人となった山吹に思いをはせて、後日譚を求める人々がいたのであろう。

（入江成治）

山吹地蔵

第10章　近江の水運と津地名

縄文時代後期の丸木舟と弥生時代の準構造船の発見

近江の水運の歴史は古い。これまで丸木舟が三十例程度出土している。中でも一九八九年に長浜市の尾上浜《おのえはま》遺跡の旧余呉川の河口付近から出土した丸木舟は、縄文時代後期のもので、五m六〇cm以上の杉を加工し、後の重量は約七〇kgであったと推定されている。出土した丸木舟を復元して一九九〇年に滋賀県文化財保護協会によって実験航海が行われたが、尾上浜から竹生島までの直線で約五kmの距離を、神社への貢物《みつぎもの》を満載して約一〇〇分で航行したという。これまで丸木舟が数多く出土した彦根市松原内湖《ないこ》遺跡・近江八幡市元水茎《もとすいけい》遺跡にあった集落は内湖に面して形成されていたと推定されていたため、丸木舟の活動の中心が内湖にあったと理解されていたが、丸木舟の高い航行能力が改めて実証され、琵琶湖本湖を中心に活動していた可能性も否定できなくなった。

守山市の湖岸にある赤野井《あかのい》浜遺跡を調査していた滋賀県教育委員会は、二〇〇四年に弥生時代前期から中期の最古級の準構造船の舳先《へさき》部分を発見した。舳先は川底から出土し、付近から波よけの舷側板も見つかり、復元した船体は長さ六m、幅一・五mになると推定されている。準構造船は丸木船より安定性が高く、荷を多く積めるなどの利点がある。弥生時代には製造技術も進化し、漁業や物資運搬に利用されていたことがわかった。

地名に現れる「名詞＋津・湊・泊・浦・浜」

先史時代から広範囲に及んでいたと見られる水運の営みは地名にも刻印されていく。水運に欠かせない「湊（港）」に関連する漢字には、他に「津」・「泊」・「浦」・「浜」などがある。いずれの漢字も地名との複合名詞になることが多い。このうち「浦」は陸地が湾曲して、湖や海が入り込んだ所、「浜」は、湖海の水際に沿った平地など、自然地形の特徴を指す。地形だけではなく、そこを中心に形成された集落を指すようになるのは平安時代以降、「浦」・「浜」が荘園等に組み込まれたことによると思われる。特に「大浦」・「菅浦」などのように「浦」を含む地名は、日本各地にも数多く残る。「みなと（湊）」は『記紀』で「水戸」・「水門」などと表記されるように、水の門《みと》の意だと言われている。河口付近に港が形成されることに由来する。「津」は「湊」を意味すると同時に、河川の渡し場としての意味もある。「津」と「泊」との厳密な使い分けは見られないが、「津」は不特定多数の人々が多く集まる場所という意味をあわせもつ。博多津《はかたのつ》・坊津《ぼうのつ》などのように、「地名＋の＋津」で表現されることも多かった。

「とまり（泊）」は動詞「とまる」の連用形「とまり」が名詞化したものである。船からの視線で港が捉えられているという点で、他の語と性質を異にする。古くは『万葉集』に用例が見えるが、近江の場合、「泊」の用例は殆ど見られない。

琵琶湖岸にある「津」を含む地名

大津（大津市）

大津の名称について、『日本紀略』（平安時代成立）は次のように述べている。

近江国滋賀郡の古津は先帝の旧都、今輦下《れんか》に接す。昔号を追て大津と改称すべし。

桓武天皇が平安京遷都の際、天武天皇元年（六七二）の大津京廃絶後、「古津《ふるつ》」と呼ばれていた湖港を「大津」に「改称」したというのである。新都を「平安京」と名づけ、「山背国」を「山城国」に改めたこととも呼応するが、桓武天皇は、曾祖父である天智天皇の造営した大津京の栄光を、一二二年ぶりにその名称とともに復活させたのである。「名づけ」は為政者が支配の意志を内外に宣言し、人々に刷り込み、正統性を物語る手段でもあった。大津は、その後、大消費地となる平安京の外港（物資の集積地）として、その名の通り重要な役割を果たすことになる（第14章参照）。

大津の「大」は単に規模を指すだけではなく、美称・佳名としても捉える必要がある。

塩津《しおつ》（長浜市西浅井町塩津浜）

塩津は湖北にあって、畿内と日本海ひいては朝鮮半島に接続する水陸交通の中継地であった。敦賀との間に開かれた塩津街道を古代の塩の道として捉えるとき、敦賀の塩について、『日本書紀』に次のような記事がある。

五世紀、雄略天皇時代からの大臣である平群真鳥《へぐりのまとり》は、仁賢《にんけん》天皇没後、専横の振る舞いがあり、大伴金村《おおとものかなむら》と後の武烈《ぶれつ》天皇に滅ぼされた。その際、真鳥は塩に呪いをかけたが、角鹿《つぬが》（＝敦賀）の塩だけ呪い忘れたので、以後角鹿の塩が天皇の食物になった。

律令制以前からの敦賀の塩と天皇家との特別な由緒を伝える物語である。敦賀からの物資は福井県の疋田《ひきた》を経て山越えの道に入るが、塩津に出る道が最短距離で峠の標高も低いため、古代の塩の道として用いられた可能性が高い。律令制下で塩は、米と同様に租税として用いられた。藤原宮や平城宮では若狭国から調として送られてきた塩の付札木簡が発見されている。律令制によって隣国の若狭国が塩の一大供給地として位置づけられるようになったのである。武烈天皇がこの地以外の塩は口にしなかったと伝承される越前角鹿の五幡《いつはた》村産の塩は、昭和二十三年まで作られていたという。

『日本霊異記』（平安時代初期成立）中巻・二四の「閻羅王の使の鬼の、召さるる人の賂《まひなひ》を得て免《ゆる》しし縁」に、商用で敦賀に出かけて奈良に帰る男の記事が見える。

奈良の大安寺の人が、聖武天皇の時代（八世紀）に、都魯鹿《つるが》の津で買った品を、峠を越えて船で持ち帰る途中、病気になった。船を留め、ひとり馬で帰ろうとし、磯鹿《しが》の辛前《からさき》を経て宇治橋に至った時、迎えに来た鬼に出会うという話である。この男が船を留めたのはおそらく塩津であろう。湖上ルートとは別に、塩津から西近江を走る古北陸道を経由し、宇治から大和に赴く陸上ルートも早くから利用されていたこともわかる。

次に塩津を詠んだ『万葉歌』の歌を五首とりあげたい。

味鎌《あじかま》の塩津を指して漕ぐ船の名は告《の》りてしを逢はざらめやも　（巻一一・二七四七）

味鎌の潟《かた》に咲く波平瀬《ひらせ》にも紐解くものかかなしけを置きて　（東歌　巻一四・三五五一）

味鎌の可家《かけ》の湊に入る潮のこてたずくもか入りて寝まくも　（東歌　巻一四・三五五三）

あぢの住む渚沙《すさ》の入江の隠《こも》り江のあな息づかし見ず久《ひさ》にして　（東歌　巻一四・三五四七）

あぢの住む渚沙の入江の荒磯松《ありそまつ》我を待つ児らはただひとりのみ　（巻一一・二七五一）

一首目にある「味鎌」には、塩津にかかる枕詞説と地名説とがある。前者は、塩津はトモエガモ（巴鴨）の繁殖地であり、味が良いので別名「味鴨」と呼ばれ、「味鎌」と表記されたという。したがって塩津を導く枕詞になったという説である。二首目は、味鎌の潟が塩津を指すという地名説の根拠になっている東歌である。原文では、一首目の「味鎌之」に対して、二首目は「阿遅可麻能」となっており、表記が違う。「かなしけ」（愛しい人）をさておいて、「平瀬にも紐解く」（深い情けのない男に身を任せる）我が身を、白く泡立つ波の花に喩えている。この歌は、東歌の中でも未勘国歌といわれて、国名のわからない歌として分類されている。これが、湖北に栄えた塩津に関わる歌とするなら、東国においても、塩津は遊女のような生業をする女たちがいる場所として万葉の時代から知られていたことになる。四首目・五首目に見える「あぢ」は味鴨を指す。「渚沙」は、愛知県南知多町豊浜にある「須佐ノ浦」を指すといわれる。これも繁殖地ゆえ、土地の名と結び付いた例であろう。三首目の「可家の湊」の所在は不明とされているので、味鎌が必ずしも塩津だけを導くものではなかった可能性もおさえておく必要がある。

なお、塩津は現在、「塩津浜」という地名として残り、琵琶湖水運の衰退後、港というより浜（集落）として記憶されるようになった。

三津《みつ》（大津市下阪本）

伝教大師最澄は、八世紀（奈良時代）に大津坂本に生をうけた。誕生地に建てた（十六世紀再建）といわれる生源寺《しょうげんじ》は日吉大社のすぐ南側の、琵琶湖を望む山麓にある。境内の案内板には、誕生地について「滋賀郡古市郷三津ヶ浜（生源寺）」と説明されている。大師の父、百枝《ももえ》が、渡来系の系譜に連なる三津首《みつのおびと》の姓を名乗っていたことはよく知られているが、その一族の名前「三津」は地名に根ざすものと考えられる。それを前提にすると、生源寺が湖岸から離れた山麓にあるので、この地を誕生地とするのは無理がある。平安時代初期に成立した『比叡山寺僧院記』の延暦寺結界地を記す文中に、「北は三津渓、横川谷を限る」とあることをもって三津という地名が日吉社境内を流れる大宮川の上流の渓谷も含んでいるという見方もあるが、あくまでも「三津渓」であり、ここではすでに「津」という漢字の意味は見失われている。

坂本は延暦寺へ通じる参道を中心として山麓に形成された坂本本町（現・上坂本）と、三津（戸津《とづ》・今津《いまづ》・志津《しづ》）という低地に形成された集落（現・下阪本）に大別することができる。三津は、現在の下阪本一～六丁目・唐崎一丁目に連続してあったと推定されているが詳細はわからない。戸津という地名は、伝教大師が両親の供養のため建てたと言われる東南寺の仏事に冠されている。今も延暦寺の高僧が座主《ざす》になるための通過儀礼として位置づけられ、実施される伝教大師由来の法華経説法を「戸津説法」と呼んでいるのだ。伝教大師が供養の土地としてこの地を選んだとすれば、自身の出生地であった可能性も否定できない。志津の名は、そこから南に五〇〇mほどの距離にある下阪本一丁目の志津若宮神社・志津池に残されている。今津の所在についての手がかりは少ない。十八世紀に再建された東南寺の堂は、高島の今津から運ばれたので今津堂と呼ばれたという由来譚や、東南寺周辺一帯を「今浜」と呼んでいたという伝承から勘案すると、比叡の辻に近い戸津を、志津に対して今津（新しい津）と呼んだのが、後に忘れられたのかもしれない。三津を三つの津ではなく、御津として捉える説も説得力がある（第4章参照）。

塩津（現・長浜市）・勝野津（現・高島市）と大津の間を結ぶ北国物資の回漕ルートが古くから聞かれ、琵琶湖湖上水運の要港となったのが、坂本の三津浜であった。

今津と木津（高島市）

現在の高島市新旭町饗庭に浜の名や地点名として残る木津は、奈良時代の郷名であり、平安期以来、塩津・大浦と並ぶ重要な湊であった。「こつ」「こうづ」と読み、古津という漢字もあてられた。現在は港としての歴史が忘れられたためか、木津の名は歴史の闇の中に埋もれている。

木津という地名は各地にあるが、京都府南部を流れる木津川《きづがわ》（古名は「泉川」等）の港である木津が有名である。『万葉集』巻一―五〇「藤原宮の役民」の歌を見ると、大津市の南部、大戸川（瀬田川の支流）沿いに位置する田上山《たなかみ》の檜《ひのき》が、大戸川《だいどがわ》・瀬田川・宇治川・巨椋池そしてこの木津川の泉津（泉木津）を経由して藤原京造営のために運び込まれていたことがうかがえる。木材の集積地になった川津を木津と呼んだのである。

近江の木津も歴史は古い。平城京の発掘で「近江国高嶋木津守□□万呂」、裏に「白米」と書かれた木簡が出土している。また、平安期には、若狭から運ばれる物資は、木津（高島市）と約一一㎞南にある勝野（高島市）の両港に集荷され、大津まで湖上を運ばれた。しかし、鎌倉末期から南北朝期にかけて変化が起こる。現在、JRの「近江今津」という駅名として知られる今津（高島市）が新たな物資集散地になり、両港は活気を失う。木津は、今津に主役の座を奪われて「古津」になるのである。理由は、若狭の小浜から熊川・保坂を経て、追分で木津・勝野に分かれていた道に代わって、そのまま近距離の今津まで直接つながる道ができたからである。十三世紀の『源平盛衰記』や十四世紀の『太平記』では、西近江路から敦賀・越前に至る道行文《みちゆき》中に今津が見え、中世には湖北の要港になっていたことがうかがえる。

木津と今津の間に生まれた利害対立は、その後も継続する。若狭からの物資は豊臣秀吉の支配下にあって今津村で扱っていたが、十七世紀、寛永年間になると追分（現・高島市今津町）から木津への道を整備して諸荷物を木津に運んだので、今津村が江戸幕府に出訴し、木津までの道が差し止めになっている。また、元禄年間（一六八八〜一七〇四）、木津村が、若狭からの竹生島巡礼客を追分まで迎えに行って今津村の利益を損ねたということで、今津村が京都奉行所に出訴して認められているが、木津村も逆に訴えたために、条件付きで船渡しが認められている。

地名に秘められた新旧の津の抗争の歴史も今は忘れ去られようとしている。

粟津《あわづ》（大津市粟津）

粟津という地名は、近江八景の一つ「粟津の晴嵐」で知られている。晴れた日に山風が吹き渡る特徴的な風光の美を指す。十三世紀成立の『耀天記』は、粟津という地名が、日吉社の祭神大己貴命《おおなむちのみこと》が大津の八柳《やつやなぎ》浜に、仮の姿で人々の眼前に現れた時、大津西浦の漁師田中恒世《つねよ》が舟で迎え、粟餅を献じ、唐崎浜まで送ったことに由来すると述べている。大己貴命（『古事記』では大国主命の一名といわれる）は、天智天皇が近江に都を定めた翌年（六六八年）に、三輪明神を勧請して、新都近江の守護神とした。後、本来の祭神であった地主神の大山咋神《おおやまくいのかみ》（別名「山王」）が日吉大社東本宮の祭神となり、勧請した大己貴神は西

広重「近江八景」の内、「粟津の青嵐」
（国立国会図書館蔵）

本宮の祭神となったといわれる。八柳浜は、現在の大津市柳が崎付近で、古くは七本柳ともいい、『近江輿地《おうみよち》志略《しりゃく》』によれば、尾花川より見世《みせ》村などにわたる湖辺の名という。地名由来が、「粟餅」を献じたことによると説明されているが、地名説話は、地名の音（読み方）に附会して生まれたものが多い。

かつて瀬田川の左岸一帯は「瀬田」と呼ばれたのに対して、右岸一帯、現在の膳所城趾から石山までは「粟津ケ原」と呼ばれていた。荷物の集積地として恵まれた地であり、港があってもおかしくない重要な場所である。この地に琵琶湖南部を代表するような港、つまり「淡海《あはうみ》の津」があり、それが「淡津《アワヅ》」になり、「アワ」に「粟」という漢字があてがわれたと考えたい。

（入江成治）

紫式部と塩津山

紫式部は、長徳二年（九九六）夏、父藤原為時の任官地である越前国へ下向した。『紫式部集』には、その折の詠歌と思われる歌群が見える。

都を出発した式部一行は、まず大津で一泊。二日目は大津から琵琶湖西岸を舟で北上し、夕方に明神崎を通過。『万葉集』に「高嶋《たかしま》の三尾《みを》の勝野《かつの》」（巻七・一一七一）と見える勝野の港を二泊目の宿泊地としたらしい。

朝方、三尾川（鴨川）河口すなわち「三尾《みを》が崎」で漁師たちが「網引く」姿を見て、鄙の世界に足を踏み入れたことを実感し「都恋しも」と望郷の歌を詠んだ。そして夕立・閃光・荒波のなか塩津港に到着した紫式部は、そこから陸路で「塩津山」を越え越前国に向かうことになる。

塩津の港から塩津川沿いに北上、沓掛《くつかけ》村から越前国境の深坂《ふかさか》峠を越えて敦賀の追分《おいわけ》村へ出る道が古来用いられ、その途中の山が塩津山と呼ばれた。敦賀から塩津へは多くの塩や海産物が運ばれたにちがいない。

塩津に到着した日の宵居の、少しくつろいだ時間帯に、山路を案内して手助けをしてくれる、歩き慣れた土地の男たちが呼び集められ、式部の随行責任者が「明日からの山路はどのような道か。険しい道か」と尋ねた。それに対して、男は「険しい道です。塩津山という名の通り、やはり、辛い道ですよ」と、冗談とも、案内料として高い報酬を得るための物言いとも付かぬ口調で答えた。それを物陰で聞いていた式部は、男の言葉に敏感に反応して

知りぬらむ　往き来にならす　塩津山
　世に経る道は　からき物ぞと

（あなたたちは、どうして知ったのでしょうね。
　…この世の暮らしが辛いものだと）

と皮肉ったのであった。

（笹川博司）

第11章　信長・光秀・秀吉ゆかりの地名

織田信長と近江の戦略的重要性

織田信長（一五三四～一五八二）は、近江を戦略的に重要な土地と見ていた。彼にとって、近江の米と手工業の生産力と琵琶湖物流の支配は、天下布武の戦略的基盤であった。八日市の保内商人が独占していた「越前や若狭から湖上を経由して、湖東の**薩摩**（彦根市薩摩町）・**伊庭**《いば》（東近江市伊庭町）などの諸港から、桑名・四日市などの北伊勢諸都市への日本海と太平洋の商品流通ルート」を奪い、支配する必要があった。

八日市は、毎月八の日に市が立つことを意味する。この地は郡境にあたるだけでなく、蒲生野《がもうの》という「野」と神崎郡側の条里水田の境の接点、いわゆる「無縁《アジール》の地」にあったという。「薩摩」の語源は、薩摩隼人のこの地への移住説が有力である。「伊庭」は、現在も、御輿を伊庭山（繖山の一枝峰）山腹から麓まで引きずり下ろす繖峰三神社《さんぽうさんじんじゃ》の勇壮な「伊庭の坂下し祭」で知られる地であり、「齋庭《いには》（神聖な場所）」が「イバ」になったと考えたい。

信長は鉄砲を重視し、近江の**国友**村（長浜市国友町）に鉄砲を発注している。長篠の戦い（一五七五）で使用した三千挺の内、五百挺は国友鉄砲といわれる。国友は、十六世紀中頃の代表的な鉄砲鍛冶匠国友源右衛門による地名と地元では伝わる（「国友源右衛門家文書」）。しかし、建永元年（一二〇六）の慈円起請文に「国友庄」が見えることから、国友姓は地名からとったと考えられる。

佐目の明智光秀生誕伝承

明智光秀の前半生は謎に包まれている。生誕年も史料がなく、『当代記』の「山科に於いて遁来たり、百姓等に打ち殺さる。歳六十七」との記述を信じるなら、永正十三年（一五一六）生まれとなる。一方、『明智軍記』は享禄元年（一五二八）説をとり、他の説もある。系譜で確実なのは、光秀が稲葉城主斎藤道三に仕えていたことと、道三の娘・濃姫（帰蝶《きちょう》・後の信長室）が従妹であること程度である。出身地も、岐阜県可児市瀬田の明智城（長山城）が有力とされてきたが、確かな根拠に基づいているとは言い難い。

犬上郡多賀町**佐目**《さめ》には「美濃出身の明智氏が土岐氏に背いてこの地に住み着き、十兵衛（光秀）が生まれた」との伝承が伝わる。木村重要が寛文十二年（一六七二）に編纂した『江《ごう》侍聞伝録《じもんでんろく》』や、同じ著者によるとみられる『淡海温故録《おうみおんころく》』(『淡海温故秘録』とも)にも同様の記述があり、光秀生誕に関する最古の記録とされる。

佐目は中世にまで遡れる地名である。「サメ」を川瀬の水音とする説もあるが、地形的に「狭(さ＝せまい)＋目(間・所)」と理解することができる。逃れてきた武者の隠れ場所に適した山間部の地であり、伝承が生まれても不思議ではない。

信長の上洛と近江支配

光秀の仲介で岐阜に足利義昭を迎えた信長は、永禄十一年(一五六八)九月、四万とも六万ともいわれる大軍団を率いて、中山道が通る交通の要地である**高宮**宿に着陣した。高宮(彦根市)は、高宮嶋(縞)など高宮布の織物で有名である。特に近世以降は宿場町としてのみならず多賀《たが》大社の門前町としても栄えたため、一般には高宮の「宮」を多賀大社にあてはめて理解されている。ただ、高宮は『和名抄』に「犬上郡高宮郷」として出てくる古い地名であり、その関係は不明としか言えない。

なお、多賀大社の「**多賀**」は、『延喜式』に「多何《たか》」とあり、他の文献にも「田鹿」「田呵」「田可」として出ていることから「タカ」と清音で呼ばれていたらしい。多賀大社の元地は杉坂山上の宮であり、「たか」を「高い所」ととる説もあるが、社地は田園地帯にあるので、「田処（タカ）」から「タガ」になったとする説も捨てがたい。

信長の「次期将軍を戴しての上洛という名分」にも、箕作山《みつくりやま》城の六角義賢（承禎）、義治父子は拒否したので、信長は箕作山城を攻撃し陥落させた。箕作山城跡には、本丸・二の丸跡とされる石塁以外にも、曲輪、土塁跡などが確認できる。「箕作」は、周辺の米作地で使用する「竹・桜・藤などの皮で造る脱穀農具」のことであり、それに山容が似ていることにちなむ。

これで信長は近江一国を制圧し、同九月二十四日、湖上交通の要港・志那《しな》（草津市志那町）から、琵琶湖西岸の長等山東麓の天台寺門宗の総本山園城寺《おんじょうじ》（三井寺・大津市）へ湖上を渡ろうとしたが、渡船の都合がつけられなかった。さすがの信長もまだ湖上の制海権を持っていなかったのである。志那の地名は、「シナ（為成＝開発をなす）」の意から、湖岸近くの低湿地を開発した所との語源説もある。一方、『古事記』に速秋津日子・速秋津比売が川と海に因って産んだ風の神・志那津比古神の記述があり、日本古典文学大系の注に「志那は息長（シナガ）の意か、人間の気息と風とを連想したもの」とある。風の神は湖と港に関わる重要な祭神であり、天智天皇の頃に勧請されたと伝わる集落北東の惣社神社をはじめ、三大神社、志那神社の祭神「志那津彦命・志那津姫命」にちなむ地名かもしれないが、むしろ地名から神名が出来た可能性が高いであろう。

園城寺は延暦寺と対立してきた歴史を持つ。本尊は百済より渡来したと伝える弥勒菩薩像で、天智天皇の孫、与多王が「田園・城」すべてを寄進したことにちなむとされる。

信長は二日後、園城寺極楽院に入る。同十月十八日、義昭は征夷大将軍に任命された。

越前朝倉・北近江浅井との争乱

元亀元年（一五七〇）四月、信長は越前へと出発した。元亀の争乱のはじまりである。越前敦賀の手筒山城を攻略し、金ヶ崎城を開城させた時、浅井長政謀反の報が入る。有名な「金ヶ崎退き口」である。殿《しんがり》を勤めたのは秀吉と光秀で、信長は朽木元綱の支援をえて、朽木越《くつきごえ》で京都に撤退し、なんとか虎口を脱した。

信長は徳川家康と連合軍を組み、同六月二十八日の姉川の合戦で浅井長政、朝倉義景の連合軍を破り、畿内における覇権をほぼ手中にする。同七月、信長軍は**佐和山**城（彦根市佐和山町）を包囲した。この城は、佐和山（二三三m）に築かれた中世の城で、佐和山の語源については、北麓に筑摩江《つくまえ》、西麓に松原内湖があり、内湖に囲まれていたために「沢（草木の生える湿地帯）のある山」とする説がある。ただ、沢（さは）と佐和（さわ）は別語であり、苦しい。なお、佐々木定綱の六男時綱がここに館を構え、自らの号「佐和」を山城名としたとの説もある。

天正十八年（一五九〇）、石田三成の時代になると、天守（台）・二の丸・三の丸を構築し、中山道側の谷筋を大手とし、要衝の地を守るにふさわしい堅固な城になった。

光秀の坂本城と本能寺の変

元亀二年（一五七一）九月の比叡山焼き討ちの後、信長は光秀に**坂本城**（大津市下阪本三丁目）の築造を命じた。光秀は知行地も含む一国一城の主となった。近年の発掘調査によると、城郭部分の大半は現在の下阪本集落に重なる。光秀時代の遺物については、礎石建物跡四棟、柵跡一か所、井戸跡溝状遺構各一か所が確認された。また、本丸は東南寺川河口の三角州に位置していたことや、本丸内堀の東側に湖岸から湖中にのびる石垣があったこと、この内堀を隔てて西側に二の丸があったことなども確かめられた。

二の丸は、北は両社川、西は旧西近江路（付近の道は堀を埋め立てたという伝承があるという）、南は東南寺川の南へ屈曲する位置の中堀に囲まれていた。旧西近江路と両社川が交叉する辻の地下にはL字状の石垣が残る。城郭の外堀は幅三五～四〇mに達し、北の藤

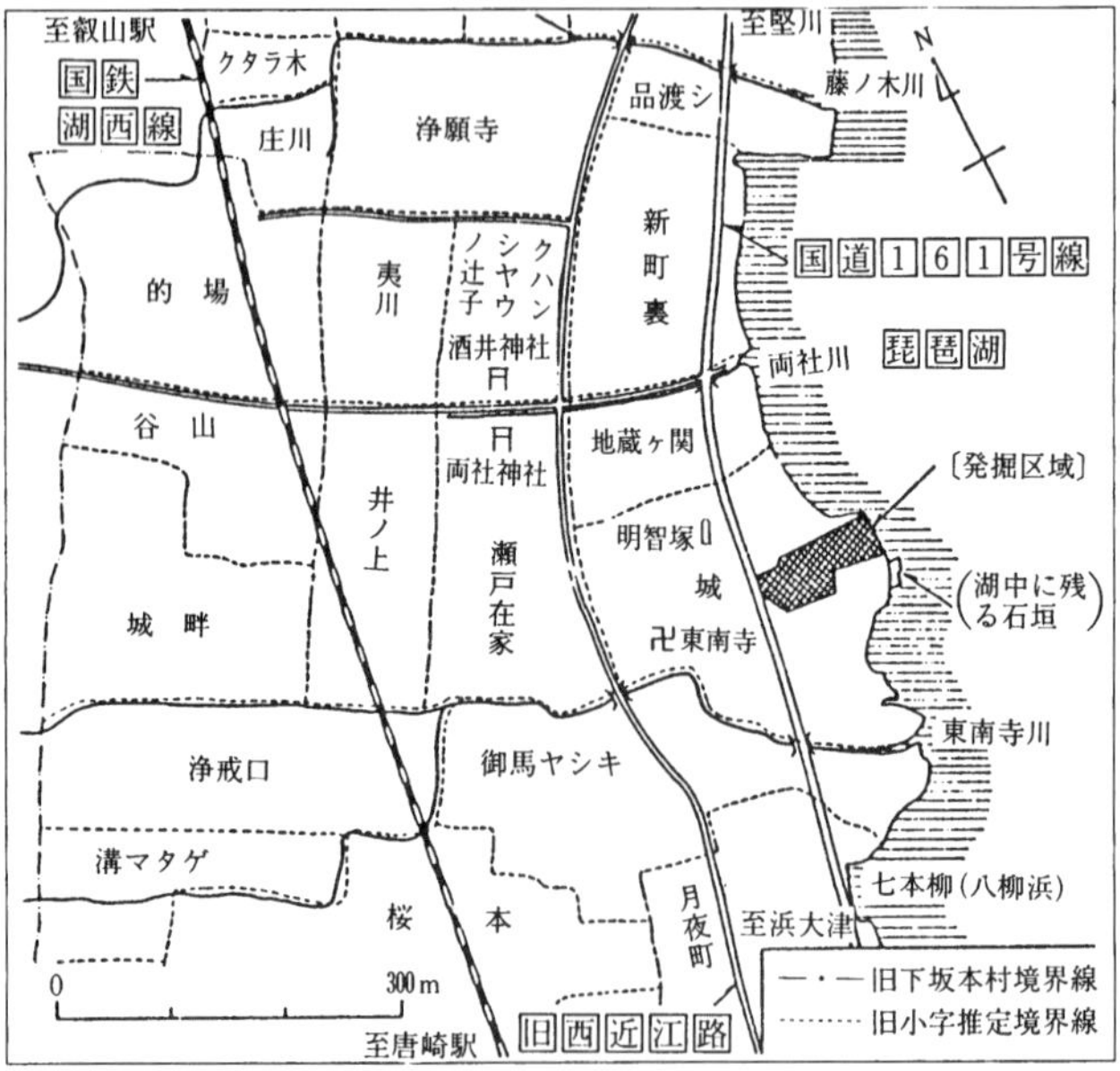

下阪本の旧小字名（『大津の城』大津市発行より転載）

ノ木川にも石垣が確認されている。城跡は「城」という小字内であり、「城畔《しろのあぜ》」「的場」「御馬《おうま》ヤシキ」などという小字名も分布していたため、城郭の推定が可能になった。

本能寺の変後、大山崎で敗れた光秀は、京都伏見の小栗栖の「明智藪」で、農民の落ち武者狩りにあって命を落とす。秀吉は、首を本能寺跡にさらし、粟田口（京都市東山区）に首塚を作って葬ったという。しかし、民間伝承では、丹波から従っていた家臣が光秀の首を持って粟田口の西にある白川通三条下ル梅宮町に首塚をつくり、葬ったという（蹴上説もある）。現在塚が残っているのは梅宮町で、民間伝承の方である。

小谷城と長浜城

小谷城は長浜市小谷《おだに》郡上《ぐじょう》町などに残る山城跡で、山城の典型的な姿をとどめている。**郡上**は、古代の郡衙《ぐんが》(郡の役所)があったことにちなむ地名であり、郡上村から小谷城へと人とともに移ってきたという。天正元年(一五七三)八月、朝倉勢は敗走し、秀吉が京極丸に入り、浅井久政、長政も切腹した。小谷城と浅井氏の旧領北近江三郡(**伊香**《いか》**郡**・**浅井**《あざい》**郡**・**坂田郡**)は秀吉に与えられた。伊香郡は物部氏の祖・伊迦賀色許男命《いかがしこおのみこと》の一族が住んだことにちなむという。浅井郡は、承平元年(九三一)の『竹生島縁起』に「浅井姫下りて浅井郡の北辺に坐す」とあり、竹生島の都久夫須麻《つくぶすま》神社の祭神浅井姫に由来するとの伝承が残る。坂田郡は、同縁起に「坂田姫、神下りて淡海国坂田評の東方に坐す」とあり、この一帯が竹生島信仰とゆかりの深い地であったことを示している。

小谷城は、小谷山山頂の大嶽《おおづく》(四九五m)に建てられた大嶽城と、その東から南東に延びる尾根上の本城からなる。本城は、番所、お茶屋、御馬屋敷、馬洗池、桜馬場、黒金御門、大広間、本丸、中の丸、京極丸・小丸、山王丸を配し、ほぼ南西から北東に向かって並んでいる。清水谷《きよみずだに》側には幅三～五mの細長い帯曲輪がめぐらされ、東入口に黒金門跡がある。さらに、北方搦め手の尾根の南端には出丸・金吾丸が独立した郭を形成している。なお、**小谷山**の名前は、「小谷（小さな谷、あるいは美しい谷）の上流部にある山」の意味であろう。谷の名前から山名を付けるのは、山名の命名法としては珍しくない。

天正二年（一五七四）、秀吉は今浜に築城を始め、翌年秋頃、信長の「長」を採って**長浜**と改めたとされる。長浜城は平城であり、この間に信長の畿内平定が進んできたことを伺わせる。長浜城については、天正十三年（一五八五）に天守の破壊を命ずる文書があるので、それまでは天守があったことが分かる。家臣団の集住した三の丸跡に、明治時代の地籍図で、小字名として、**殿町**・**内殿町**・**伊右衛門屋敷**などの地名が記されているのは興味深い。伊右衛門屋敷は、山内伊右衛門一豊の屋敷伝承地である。北側には**北土居《どい》**・**大手土居**などの城郭遺構を示す地名も残る。殿町北側に外堀跡の大三六堀が残されている。大手門は二重の外堀の間にあり、長浜八幡宮の御旅所の南側で、長濱八幡宮につながる大手通が、そこから延びていたという。

安土城

安土は、『類聚名義抄《るいじゅみょうぎしょう》』に「射垜《あづち》」とある。安土山はもと目賀田氏の居城の山で、弓の練習所があり、的を置く「あづち（射垜）」（盛り土）が山名になったとされる。信長入来以前の地名で、天下布武に通じる「安土」の文字を信長が気に入っていたのであろう。

信長は、天正四年（一五七六）に安土築城を命じ、天正七年（一五七九）に完成している。石垣の大石は、安土山はもちろん、観音寺山・**長光寺山《ちょうこうじやま》**（近江八幡市、東近江市）、伊庭《いば》山（東近江市）から多くを引き上げた。長光寺山（二三四m）は、西北山麓にある古代武佐寺の後身、長光寺にちなむ名前である。『信長公記』によれば、天主は、瓦焼職人の中国人一観を召し唐様にしたという。宣教師たちの記述では、天主の外観は五重七階で青や赤、白と各階の色が異なり、最上階は青と金色で、屋根に風鐘がつるされていた。今までにない豪壮華麗な城で、他の戦国武将を圧倒する城であった。上の主郭は信長の居住部分、山腹部分は「伝羽柴邸」「伝前田利家邸」など家臣の屋地にあたる。大手より東側は南東の尾根筋上に位置する馬場平、御茶屋平から、雛段状に小さな郭が多くあり、櫓的な施設を備えた砦機能をもつ。

信長の安土城は、光秀の坂本城と、秀吉の長浜城とを両翼とする鶴の形の頭の位置であり、地理的にも琵琶湖支配戦略の重要な要の位置となっていた。

秀吉、天下取りへ

賤ケ岳《しずがたけ》（四二一m）は、琵琶湖と余呉湖の境に位置する。『近江輿地志略』は、行基の前に現れた白髪の樵《きこり》姿の賤の者（身分の低い者）が、「我、精舎の守護神とならん」と言ったので、山を賤ケ岳と称したと記す。また、山麓の式内社・伊香具神社の前にいた美しい女性が「西方に高き山あり、これ賤（しず＝自分を卑下する一人称）の住む所」と答えたからとの伝承もある。いずれの話も、古くから賤ケ岳が信仰の対象になっていたことを示しているが、「シヅ（シズ）」は、崖などの急峻地の地形を表す語であろう。

天正十一年（一五八三）、秀吉と柴田勝家との賤ケ岳の戦いがここで行われる。加藤清正、福島正則など「賤ケ岳七本槍」が有名だが、これは『甫庵《ほあん》太閤記』を著した小瀬《おぜ》甫庵（一五六四〜一六四〇）の創作で、ゴロのよい「七本槍」としたらしい。

賤ケ岳の戦いで最強のライバルを破った秀吉は京へ向かう。そして、政権抗争の主舞台は京・大坂に移る。再び近江が全国の耳目を集めるのは、十七年後の関ケ原である。

（小西宏之）

コ・ラ・ム

雨乞いと地名

稲の生育期の雨不足は、農村全体の死活問題であり、村人総出で雨乞い行事が行われた。

県内には、太鼓を打ち鳴らして踊る華やかな雨乞い踊りが多く伝えられている。犬上郡甲良町の日吉神社の「おはな踊り」は、龍神に重病を治してもらったおはなが、龍神との約束を破って結婚した事からその怒りに触れ、命を絶たれたことを供養するために始まったとされる。龍神は水を司る神として信仰されてきたため、おはな踊りも、のちには降雨と止雨を祈る雨乞い行事になっていく。

龍のつく地名は雨乞いと関係する所が多い。蒲生郡竜王町は、昭和三十年(一九五五)に鏡山村と苗村が合併して成立した町だが、町名は、両村に共通して竜王山があったことに由来するとされる。鏡山村の竜王山は鏡山(三八四m)とも呼ばれ、山頂に巨大な磐座と、水を司る貴船社の祠があり、近年も雨乞い踊りが奉納されている。参道途中には、雨乞いで山頂を目指した村人達が途中で一服した「雨乞い休み場」も残る。苗村の竜王山は雪野山(三〇九m)の名で知られる。山麓の古刹・龍王寺の梵鐘は、日照りの時に大雨を降らすと信じられていて、普段は龍頭(鐘の一番上の部分で龍の形をしている)を白い布で覆っている。

神社でのお籠り祈願の効果がなければ、近くの山の大岩の上で薪を燃やして大騒ぎをすることもある。甲賀市信楽町の笹ケ岳(七三九m)には、名前の通り雨乞岩がある。湖南アルプスの笹間ケ岳(四三三m)山頂の八畳岩の別名も雨乞岩である。甲賀市土山町では、雨乞い祈願に家ごとで軒に笹を葺く地域がある。また、雨乞い踊りを各地で「笹踊り」と呼ぶことから考えれば、両山の山名に「笹」がつくことは、雨乞いとの深い関係を示唆している。

雨乞いの効果が見られなかった時、村人達はより高い山の上にある池を神聖視し、そこへ向かう。鈴鹿山系の雨乞岳(一二三八m)は、山頂の「大峠の沢」という小池で雨乞いを行ったことが山名の由来となっている。同山系の御池岳（一二四七m）でも、山頂部の七つの池を巡って祈願したと伝えられる。霊仙山（一〇八四m）の山頂近くにある「御池（権現池）」も、小さいながら水を保っているところから雨乞いの場所になった。「霊仙」の名はその霊力をたたえるところからもきているのだろう。

比良山系の小女郎ケ池は、標高約一〇六〇mの高地にある。里に住むお孝が、この池で美しい青年に出会い、夜な夜な通い出す。青年は実は蛇の化身であった。お孝は亭主や乳飲み子に詫びつつ、池に入って蛇身になる。この孝女郎ケ池がいつしか小女郎ケ池と言われるようになったという。お孝は神を祀る巫女の役割をしている。龍神信仰は、大陸から伝えられた龍信仰に日本古来の蛇信仰が習合したものとされており、孝女の話も雨乞い行事を背景にして成り立っているのであろう。

滝は流れ落ちる姿が龍を連想させることから、また、深い淵も龍が潜んでいそうなことから雨乞いの対象となってきた。マキノ高原の調子ケ滝や比良山系八ツ淵の滝の貴船ケ淵なども、村人による雨乞いの祈祷が行われてきた所である。

雨乞いの方法として、聖地に動物の死体などを投げ込んで汚し、龍神を怒らせるという乱暴な方法もある。かつて、牛馬を生け贄としてささげた雨乞いの名残とされている。

東近江市石馬寺町は、古刹・石馬寺に因る町名である。聖徳太子が神聖な地を求めてここに来、馬を木に繋いで山に登ったところ、聖地である事が分かった。戻ってみると馬は傍らの池に沈んで石と化してしまったとの創建伝承が石馬寺に残る。裏山の頂には雨宮龍神社が鎮座していて、石馬寺の僧侶が社前で雨乞い祈願の読経をしたと伝えられている。

先に触れたように、朝廷では降雨を願う時には黒駒を、止雨を願う時には白駒を奉納したという。また、聖徳太子は「甲斐の黒駒」を愛して全国を巡ったとの伝承がある。その黒駒が水中で石に化したとなると、祈雨祈願に黒馬を捧げたことを暗示しているようにもとれる。その意味で、石馬寺は雨乞い行事との因縁を感じさせる名称である。

（小寺慶昭）

第12章　近江の城下町と町名

安土までの城下町

城下町とは、領主の城館を中心に武家地、町人地、寺社地などが同心円的に取り巻く構造をもつ都市のことをいう。織豊政権以降の近世では、城館と城下町は領内の政治・経済・文化の中心であった。特に近江は、山城《やまじろ》から平山城《ひらやまじろ》への変化と近世城下町が成立していく過程がみられる稀有な地域となっている。ここでは近世城下町の成立過程を典型的に示すとされる安土と近江八幡を、また県内最大の城下町であった彦根を主に採り上げ、それぞれの特徴をみていくことにするが、まず安土城築城までの様子をみていくことにしよう。

戦国期の城下町の例として、近江八幡市・東近江市にまたがる**繖山**《きぬがさやま》（観音寺山）に十六世紀になり六角氏が山城を構えた観音寺城があげられる（第9章参照）。南山麓の**石寺**集落には商工業者の屋敷地があったが、まだ職業を示す町名はみられなかった。

石寺南方の中山道沿いの**老蘇**《おいそ》付近で、天文十八年（一五四九）に「石寺新市」として楽市が開かれた記録が残り、「楽市」の初見となっている。延暦寺の権威を利用して伊勢や若狭とも取引をし当地で活躍していた保内《ほない》商人を移住・定着させるため、六角氏の意図で開かれたものと思われる。なお、老蘇の森は歌枕としても有名だが（第6章参照）、森中に鎮守する式内社・奥石《おいそ》神社を祀った石辺大連《いしのべのおおむらじ》が老いても若く見えたので「蘇《よみがえ》る」の字を当てたとの伝承は、後に附会されたものである。石上《いそのかみ》神宮（奈良県天理市）にみられるように、石は「いそ」とも読み、元の地名は「おくいそ（奥石）」であろう。母音連続を嫌って「おくいそ→おきそ」となり、更にイ音便化して「おいそ」となったと考えられる。つまり、この地から仰ぎ見ることの出来る繖山（神体山）の磐座に関係する地名と考えたい。

城下町における同業者の「町」の形成については、織田信長が築城した尾張の小牧城やその後の美濃の稲葉山城を改名した岐阜城に原型をみることができる。

その後、信長家臣の豊臣秀吉（当時は羽柴姓）は、近江の長浜城を天正二年（一五七四）に築いた。秀吉時代の城下町の詳細は不明だが、**大手町**や**本**《ほん》**町**・**魚屋町**などはみられた。本町は、「本（元・原）の町」の意味で、長浜の旧名である今浜村に起源がある町名であろう。他には呉服町や武具に関連の深い**金屋町**や**鍛冶屋町**などの町名がみられたが、この段階では同業者の町名であっても住民の職種は多様であったと考えられる。

安土城下町の成立

近江を領国化した織田信長が天正四年（一五七六）に築城を始めた**安土**の城下町をみる前に、まず「城下町」に関する用語を整理しておく。説明で便宜上使用している観音寺城・岐阜城などの呼称や城下という言い方は、後の江戸時代になってひろく使われ始めた。従来、城は山にあることが常識で、城が築かれた山自体を城とみていて、安土城の場合も「安土山」と呼ばれた。なお安土城は山城だが、湖面から一一四mの高さに築かれ、後の平山城・平城《ひらじろ》への移行を示すものであった。城下町を意味する言葉としては、「山下《さんげ》」や、住民が居住する町を名付けて「山下町」が使用された。ただ、山下の住民を「町人」とは呼ばず、その居住域も「町並《まちなみ》」という表現が用いられた。江戸初期成立の『信長公記《しんちょうこうき》』などの記録からは、山と町を合わせた全体を「安土」と呼んでいたことが分かる。

なお「町《まち》」は、宅地や屋敷が集積する空間で、平安京の一区画として登場した呼称である。「村」が農林漁業を生業とする家々から構成された地域を指すのに対し、「町」は公家・武家や商人・手工業者などの屋敷や住居の密集地をいった。この時代に、有力社寺近辺の門前町や、堺のような自治的な港町に並び、山下町（城下町）が登場したのである。また山下・城下の「下」には、山上の城の麓にある町という位置関係を示す意味だけでなく、戦国大名や江戸初期の藩主により、領国支配の目的で新しく町が建設され、住民は移村や集住を強いられたことから、城主の支配下に入るという意味も含まれたと考えられる。

信長時代の安土の詳細は不明であるが、安土山近辺は水路が入り組む水郷地帯で、その中に存在した微高地が町域とされた。武家地では、安土山に重臣の屋敷があり、家臣団については山麓が屋敷地となった。西麓に残った旧小字名の「**高山・川尻・金森**」は、信長に従った戦国武将の高山右近・河尻秀隆《かわじりひでたか》・金森長近《ながちか》の屋敷跡と考えられている。

町並は、安土山南西山麓に長方形型の街区が造られた。その範囲は、北は湖岸から南は沙沙貴神社付近まで、東は安土山麓から南西は慈恩寺《じおんじ》付近までの南北に細長い地域で、現在も**上豊浦**《かみとようら》・**下豊浦**《しもといら》や**常楽寺**《じょうらくじ》などの地名がみられ、主要な居住地となっている。集落名の**慈恩寺**は六角氏菩提寺で十四世紀創建の慈恩寺に、同じく常楽寺は沙沙貴神社の神宮寺で戦国時代に焼失した常楽寺に因るとされる。豊浦は干拓前には内湖小中《しょうなか》の湖に面していたことから、波音が響く意味の「響《とよ》浦」と考えられるが、内湖で魞《えり》による漁業が行われたことや付近に大規模な農業集落遺跡が発見されたような豊穣な土地柄から、豊かな湖岸地帯という願いを込めて「豊」の字を当てたと考えられる。なお上・下については、観音寺城の南東を通る東山道が上街道、安土を通る浜街道が下街道と呼ばれることに因み、上街道側を上豊浦と呼んだとの説もあるが、琵琶湖周辺の上・下が付く地名は大部分が上流

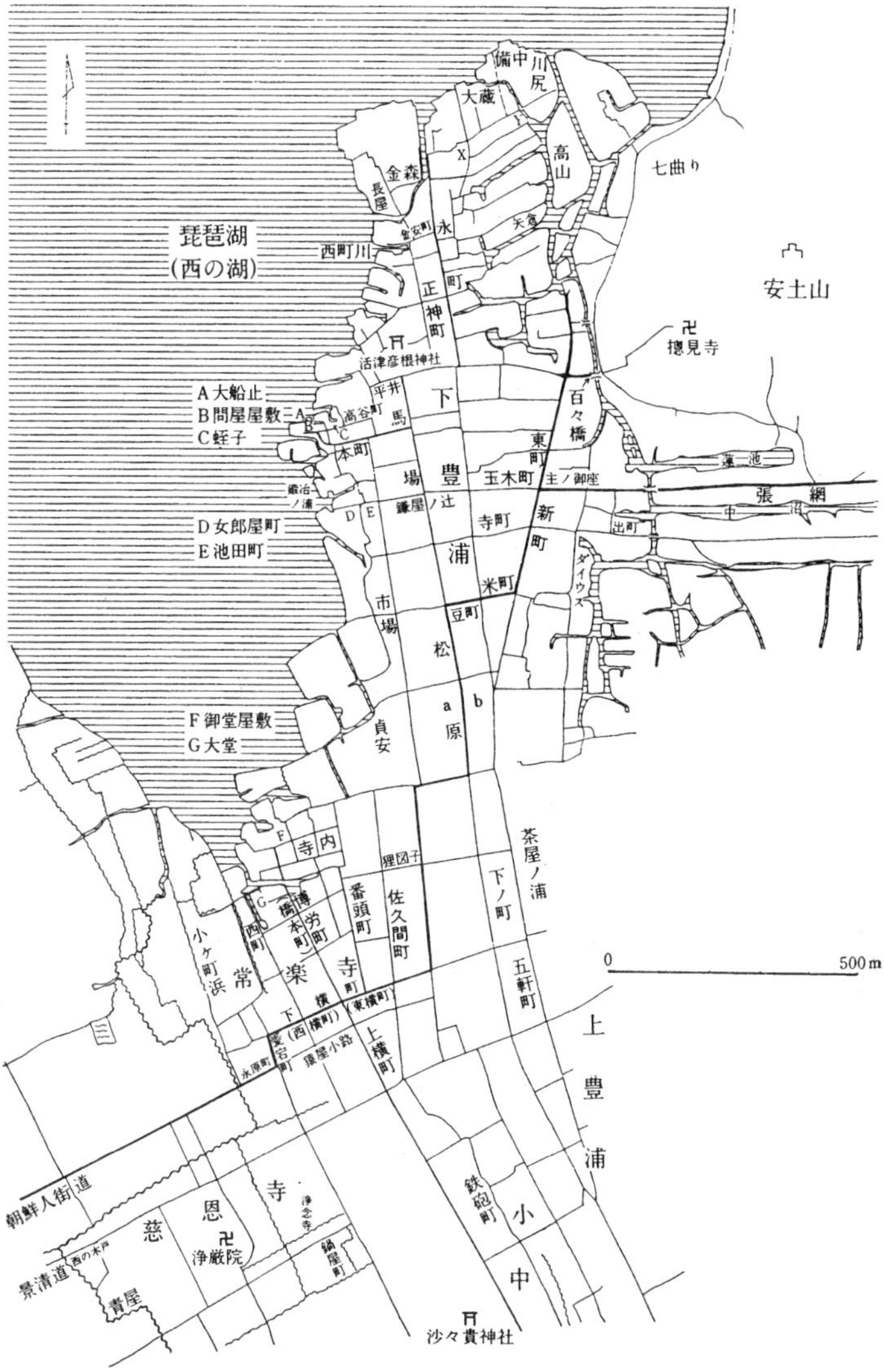

安土城下町
小島道裕「織豊期の都市法と都市遺構」『国立歴史民俗博物館研究報告』第8集1985より

側が「上○○」となっていることから、当地でも後者の付け方が当てはまるであろう。

さて常楽寺の港と集落は、城下町建設の元となったと考えられており、明治期の地籍図からは佐久間町・番頭町・博労町などが確認できる。北の下豊浦は山下町の中心となった地区で、永町・金安町・**正神町**《しょうがみちょう》・本町・高谷町・女郎屋町・池田町・玉木町・東町・新町・寺町などの存在が判明している。ただし、これらの地名の大部分は現在公式な地名としては使用されていない。以上の町名の内、正神町は薬師寺が有した豊浦庄の氏神である活津彦根《いくつひこね》神社と関係すると思われる。他にも南の慈恩寺には**鍋屋町**、小中《こなか》には**鉄砲町**があり、いずれも元の集落、住民の職業、町の開発や町内での位置等に由来すると思われる地名がみられる。なお下豊浦にキリスト教由来とされる「**ダイウス**」と「主《しゅ》の御座《みざ》」という地名が伝えられている。信長の許しを得て建てられた神学校セミナリオの跡地は、両者のいずれかだと推定されている。このうちダイウスは京都にもみられ、太宇須・大宇須・大臼とも記された。ポルトガル語Ｄｅｕｓ（神・天帝の意）の日本語表現とされる。

天正五年（一五七七）の「安土山下《さんげ》町中《ちょうちゅう》掟書」は、山下町での楽市・楽座の宣言をしたものとして有名だが、新移住者への優遇処置が多くとられている。一般に城下町といえば商家や民家が建ち並ぶ姿を思い浮かべるが、当時の商業は行商や市が主で、店舗による商業は十七世紀以降に一般化したとされる。この山下町では同種の職業名が付いた町でも、招聘策の下で集まってきた下級武士層や商人や職人が混住し、同時に市も町内で開かれていたようである。このため織田家直属の奉公人と召抱職人たちは特定地域に誘導し、戦時には直ちに出動できる体制がとられていた。これが後の城下町の足軽町につながった。

このように、安土は、政治や軍事を担う家臣を集住させ、経済面の振興を図るために商工業者を半強制的な形で呼び寄せ優遇することで、支配地の中心都市となるように造られた。ここで信長は、主従関係を結んだ武士や一部の職人集団と、安土に根付く町人とを分けて支配するようになり、城下町の機能強化と身分のしくみの元をつくったのである。

八幡城下町の建設

天正十三年（一五八五）、豊臣（当時は羽柴姓）秀次は安土の約五㎞西北西の、標高約二七二mの鶴翼山《かくよくさん》（八幡山《はちまんやま》）山頂付近に城を築き、東南山麓に城下町**八幡**を建設した。「八幡」の名は鶴翼山東南麓にある日牟禮《ひむれ》八幡宮に因る。

築城は、信長の死後に権力を握った秀吉の指示の下に行われた。南山麓を取り巻くように八幡堀が設けられ、琵琶湖と繋ぐ運河にも利用された。堀の内側にある居館側に武家屋敷を集中させ、堀の外側に町人の居住地を設けることで、堀で町を二分させた。先の安土では武士の一部と町人の混住がみられたのに対し、八幡では身分に基づく居住地の区分が明確にされることで、近世城下町の外形的な特徴ができあがった。

町人が住む地区は、短冊型の街区六十六ケ町に整然と区分された。南北路は、北西―南東軸に約三十三度傾き、北東から**慈恩寺町**《じおんじちょう》・**博労町**《ばくろちょう》・**永原町**《ながはらちょう》・仲屋町・為心町《すわいちょう》・魚屋《うわい》町《ちょう》・**新町**《しんまち》・小幡町・**本町**・**池田町**《いけだまち》・**寺内北町**《じないきたちょう》・**寺内西町**と、町名が付く通りがあった。これらにほぼ直行する東西路として、南西から上筋通・上中筋通・京街道通・大杉町通（町の東半）・下中筋通（町の西半）・宮前通・浜通と一部に筋が付く通りがあった。上筋・上中筋・下中筋の通り名も、南東方向が上流に当たることから名付けられているようである。

町の北東端には火を扱う鍛冶屋町が配され、重要な武具を扱う鉄炮町は堀の内側に入れられた。このうち先に触れた慈恩寺町から寺内西町までの町（仲屋町・為心町・魚屋町・小幡町を除く）や、佐久間町・庄神町（正神町）などは、安土とほぼ共通する地名で、安土から八幡に移転させられたことを物語る。

秀次は天正十四年に、信長が安土に下した掟書をほぼ引き継いだ「八幡山下町中掟書」を出し、市場と陸上・水上交通を八幡に集中させ、経済的にも領国の中心地機能を高める町づくりを目指した。ここに近世城下町の原型が完成されたのである。

彦根城下町の完成

県内でみられる江戸時代を代表する城下町が彦根である。井伊家は慶長五年（一六〇一）の関ヶ原合戦後に、敗将石田三成の支配地である近江国北部を領した。**彦根**の地名については、天照大神の子で農業神の活津彦根命《いくつひこねのみこと》が彦根山に祀られていたことに因るとされる。平安期の史料には山中にあった彦根寺の観音が崇拝を集めたことがみえる。本尊の観音が金色の亀の背に乗っていたことから金亀山《こんきやま》の名が生まれて彦根山の別称となり、彦根城を金亀城と呼ぶ元にもなっている。なお城は標高約一三〇ｍの山頂に築かれ平山城と呼ばれる。

慶長九年（一六〇四）から開始された築城と並行して城下町の建設が行われた。彦根山を中心にして内堀・中堀・外堀が掘られ、最も内側の第一郭には天守が設けられた。内堀と中堀とに挟まれた第二郭は重臣の屋敷があり内曲輪《うちぐるわ》と呼ばれた。第三郭に当たる中堀と外堀との間は外曲輪と呼ばれ、中級身分の家臣と町人の屋敷地や寺院が配置された。外曲輪では内町と呼ばれる町人の居住区が設けられたが、武家地に両側から挟まれ厳密に区分され、本町手と四十九町《しじゅうくまち》手とに編成された。「手」には「方面」の意味があった。

外堀より外の地域は歩行《かち》と呼ばれる下級の家臣や足軽組の屋敷の他、外町《そとまち》と呼ばれる町人居住区として**彦根町手・川原町手**があった。彦根町の名はもと彦根村の村域、川原町は築城時の芹川付け換え前の川沿いの土地であったためといわれる。

『彦根市史 上巻』には、内町・外町の町の名称の類型が記されている。

①町の重要性・位置・新旧・形状によるもの

本町、橋本町、橋向町、東新町、北新町、裏新町、袋町、内・外船町など

②城下建設時に移住した者の先住地によるもの

四十九町（豊郷町四十九院村から）、石ヶ崎町（佐和山の石ヶ崎町から）など

③城下建設以前の地名によるもの

彦根町、川原町、元川町など

④職種によるもの

大工町、外大工町、鍛治屋町、桶屋町、紺屋町、油屋町、上・下魚屋町、連着町《れんじゃくまち》など

このうち**連着町**については、井伊家前封地の高崎の連雀町をはじめ同音の連雀町・連尺町が各地の城下町に存在する。連尺《れんじゃく》が一種の背負子《しょいこ》を指し、二本の紐が垂れた連尺を背負って売り歩く姿や行商という形態が渡り鳥のレンジャク（連雀）に似ているため、「連雀商人」と称されたとの説が有力である。町名は、城下町建設時に連雀商人が出店した地域

にみられる。

また紺屋町など同一職種の町の変遷を示す記録をたどれば、築城時に独占的に仕事を担った職人が集住していた町には、時代が下がるにつれ様々な職業の住民が移り住み、職種による集住は壊れていったようである。領主との繋がりで形成された城下町が、町人の経済・文化活動の活発化によって内部構造が変化していった様子がうかがえる。

このように彦根城下町は、安土と近江八幡の町建設構想を完成させた近世を代表する城下町として発展した。しかし現在は明治期と昭和期における町名変更で生まれた新たな地名が公式名とされ、江戸期の町名の多くは用いられていない。そこで最近は再開発時での旧地名復活や、旧地名の街角掲示など、伝統ある旧地名を継承する動きがみられている。

（岩田　貢）

第13章　近江の街道名と宿場名

東海道の宿場名と鈴鹿峠

近江は「道の国」といわれるように、東海道や中山道などの多くの街道が通っている。これは、都であった奈良や京都から東国や北陸に行くには、近江を通過しないと行けないという地理的位置のためである。

東海道という語は、古代においては道の意味だけでなく、行政区画としての意味もあった。「東海」は、『日本書紀』の崇神天皇十年九月九日の「四道将軍の派遣」の条で、「武《たけ》渟川別《ぬなかわけ》を東海に遣す《うちつみち》」とあるのが初見である。この「東海」は東海道のことであり、都から東国に至る太平洋側の伊賀・伊勢から下総・常陸までをまとめた行政区画としてのものであるが、また、これらの国々へ行く駅路(伝馬の路)の名でもあった。

奈良に都があった時代の東海道は、奈良から伊賀、伊勢、尾張を通って東国へ行ったが、都が京都に移ってから近江を通るようになった。伊勢国との境である**鈴鹿峠**は、『日本三代実録』によると、仁和二年（八八六）の「阿須波道《あすはみち》」の開通からであり、それ以前は、近江では勢多駅から岡田駅（草津市野路付近）を経て、「鹿深道《かふかみち》」を行き、「倉歴越《くらぶごえ》」（現甲賀市油日）を越えて伊賀国に入り、伊勢国に通じた。

平安時代末期から中世にかけて東国に行く道は、古代の東山道であり、近世の中山道である道が多く利用されるようになった。一方、鈴鹿峠の道は、中世では京から伊勢への伊勢参宮の道となり、伊勢大路と呼ばれた。近世の東海道は、江戸幕府が定めた五街道の一つで、慶長六年（一六〇一）に伝馬制が定められてからである。近江での東海道は逢坂山峠から鈴鹿峠までで、その間に大津、草津、石部、水口、土山の五つの宿場があった。

矢橋《やばせ》　矢走、矢馳等とも記された。草津宿と大津とを結ぶ渡船場があり、近江八景の一つ「矢橋の帰帆」で知られる。地名は、矢を作る人という意味の「矢作」という説もあるが、「八橋」の可能性もある。草津宿から矢橋道で湖岸へ行き、矢橋の湊から舟で大津へ行けば約五〇町である。「瀬田へ回れば三里の廻り、ござれ矢橋の舟に乗ろう」と歌われ、多くの旅人が利用した。また「急がば回れ」のことわざは、舟は天候に左右されやすいので、歩く方がかえって早く着くことから、この地で生まれたといわれている。

草津　草津という地名は、鎌倉時代後期の正安元年（一二九九）に成立したとされる『一遍上人絵伝』に、「近江国草津と申す所」とあるのが初見で、この頃には草津の宿があったと考えられる。地名の由来については、クサグサ（種々）の物が集まった津であるところからという説があるが、草はクサで陸地、土地の意味であり、津は港で、「陸《くが》の港」の意味だとする説が有力である。この地は、中世の東海道と伊勢参宮道（伊勢大路）との分岐点であり、交通の要衝であった。近世になっても、東海道と中山道との分岐点として重要な宿場であり、規模も大きく本陣が二軒、脇本陣も二軒あった。二軒の本陣のうち、木屋本陣と呼ばれている建物が現存していて、国の史跡に指定されている。また、石部との間にある六地蔵は「間《あい》の宿」（大名や旅人の宿泊は不可だが、休憩や昼食の場を提供することが出来る宿）で、現存する茶屋本陣（旧和中散本舗）は国の重要文化財である。

石部《いしべ》　石部では古くから石灰岩や銅鉱石を掘り出していた。「部」は古代の特定の職業集団を指す語であるところから、石などを扱う人々の集団がいた所という意味の地名と考えられる。平安時代末期の長治二年（一一〇五）、伊勢参宮の勅使となった源雅実《まさざね》が「石部駅家」に泊まったことが『雅実公記』に記されているので、その頃には宿駅の機能があったと考えられる。江戸時代になり宿場として整備され、本陣が二軒置かれた。石部は京都から九里余りで、「京立ち石部泊まり」といわれ、多くの旅人で賑わったという。

水口《みなくち》　水口は中世から見られる地名である。『室町殿伊勢参宮記』の応永二十一年

(一四一四)に、足利義持が伊勢参宮の途次、この地に宿泊したと記されているので、その頃には既に宿駅の機能が出来ていたようである。連歌師の宗長は、『宗長日記』の大永七年(一五二七)三月四日条で、「矢嶋をたちて、甲賀水口といふ里は、十町ばかりつづきて……」と、町並みを描写している。地名の由来は、野洲川(横田川)の河港の湊口にあったので、港口が転訛したと考えられる。この宿場の特徴は、宿場内の街道が三筋に分かれていることである。天和二年(一六八二)、加藤氏が入封して水口藩が成立した。

土山　土山は室町時代からの地名で、応永二十一年(一四一四)の『室町殿伊勢参宮記』にその名が出ている。地名の由来は、村の周辺に砂礫層の丘陵地が分布しているところからと考えられる。平安時代には、この地に伊勢斎宮の垂水頓宮が置かれていた。中世には峠を越える旅人のための宿泊の機能が出来ていたようである。

鈴鹿峠　鈴鹿峠は、鈴鹿山脈の三子山と高畑山の鞍部(三七八m)にあり、滋賀県と三重県の県境である。古代から伊勢へ抜ける峠道として利用された。「鈴鹿」という地名については、①植物のスズダケが生え茂っていることに由来する。②鈴の口が裂けているように山や谷が裂けて河水が流出しているから。③「すずか(鈴処)」の意で、駅鈴がある所による、等の説がある。

東山道（近世の中山道）の宿場名と摺針峠

近江の**東山道**は、『延喜式』に勢多・篠原・清水・鳥籠《とこ》・横川《よかわ》の五つの宿駅が記載されている。『更級日記《さらしなにっき》』では、寛仁四年（一〇二〇）のこととして、東から「不破の関、あつみの山など越えて、近江の国おきなが（息長）といふ人の家に宿りて、四五日あり。（中略）犬上、神崎、野洲、栗太などといふ所々、なにとなく過ぎぬ」と、東山道の地名を記している。

慶長七年（一六〇二）、徳川家康によって**中山道**の伝馬制が設定され、順次宿場が整備されていった。中山道は草津宿で東海道から分岐して、美濃、信濃などを経て江戸の日本橋に通じた。当初は「中仙道」とも記されたが、享保元年（一七一六）に統一された。近江国内では草津宿を過ぎると守山、武佐《むさ》、愛知川、高宮、鳥居本、番場、醒井、柏原《かしわばら》の八つの宿場があった。

守山　平安時代から見える地名である（第6章参照）。延暦七年（七八八）創建と伝える天台宗東門院守山寺《もりやまでら》を中心に町が発展した。守山寺は「山（比叡山延暦寺）を守る」という意味で、寺名が地名の由来とされる。阿仏尼は、日が暮れてしまったため守山に泊まったと記していることから、当時はすでに宿駅であったことが分かる。京都から八里余りであり、「京立ち守山泊まり」といわれ、多くの旅人たちで賑わったという。

武佐　現在の近江八幡市武佐町・長光寺町に当たる。八日市に向かう八風《はっぷう》街道や、湖岸の各湊へ通じる浜街道との分岐点としても賑わった。平安時代には「牟佐」と表記され、町内の産土社も牟佐神社と表記されている。「モ(茂)＋サ(所の意の接尾語)」で「草木が茂っていた所」とする説がある。しかし、奈良県橿原市に式内社牟佐坐《むさにいます》神社が鎮座し、『記紀』に牟狭・身狭と表記されていることから、ムサとミサは音が交換しやすいと言えるが、モサでは無理がある。産土社が、雄略天皇に重用された渡来系の身狭(牟佐とも)系氏族の祖神を祀るとの説に従うなら、当地も身狭氏との関係が推測される。

愛知川　『太平記』の建武二年(一三三五)に、勅使の引地九郎がこの宿に着いたと記しているように、中世には宿駅であった。愛知は「朴市《えち》」とも書く。朴市とは大きな市《いち》のある所の意とする説があり、愛知川は市が関係する地名とも考えられる(第4章参照)。宿場の西を流れる愛知川に架かる橋は、地元の有力商人たちによって天保二年(一八三一)に完成したもので、通行人から橋銭を徴収しなかったので、「むちん橋」と呼ばれた。

鳥居本　この地が宿場となったのは江戸時代からである。地名は鳥居があったことによるが、その鳥居について、多賀大社の鳥居とする説と、日撫《ひなで》神社(米原市顔戸《ごうど》)の鳥居とす

番場宿「木曾街道六十九次」より（国立国会図書館蔵）

る説とがある。地元では前者の説をよく聞くが、現在では後者の説も有力である。鳥居本は、琵琶湖の湖岸を北上して彦根の城下を通ってきた朝鮮人街道が、この地で合流し、この宿場の北端から北国街道が分岐するという交通の要地である。

摺針峠《すりはり》　彦根市の鳥居本から番場へ行く中山道にある標高一五四ｍの峠である。峠からの琵琶湖の眺望は素晴らしく、江戸時代には望湖堂という茶店があったという。中世には磨針《すりはり》と書かれることが多く、また、近世には磨石《といし》が名産であったこと、秦荘に斧磨《よきとぎ》という地名があること等から、研ぎ石の生産との関連が伺える。「針」から、針を作るために斧を磨く老翁が住んでいたとの伝承が生まれた。針と斧との関係が理解しにくいので、あるいは「新たに拓く」の意味を持つ古語の「ハリ・ハル」の転訛かもしれない。

番場《ばんば》　摺針峠を北に越えた麓にある集落で、江戸時代になると、米原に湊が開かれ、湊と中山道を結ぶ道が出来たため、古代・中世の宿駅の位置より東北に移動した。その賑わいぶりは、安藤広重の「木曾街道六十九次」の「番場」に描かれている。旧宿場地は西番場、元番場と言われている。摺針峠をひかえた要衝の地であり、「番人のいた場所」と考えたいが、古くは「馬場」と記されたこともあることから、駅《うまや》(馬の乗り継ぎ場所)だったかもしれない。

醒井《さめがい》　奈良時代から見られる地名である。『古事記』には、大氷雨で正気を失った倭建命《やまとたけるのみこと》がこの地の清泉《しみず》で正気に戻ったため「居醒めの清泉」というとの話が載る(第8章参照)。鎌倉時代の『東関紀行』の著者も『十六夜日記《いざよいにっき》』の著者も書き留めたほどの有名な湧水であり、この地の清い水に育つバイカモは有名である。

その他の街道名や宿場名等

北国街道《ほっこく》は、鳥居本の北端で中山道と分かれ、米原、長浜、木之本、柳瀬《やながせ》、椿坂、中《なかの》河内《かわち》の宿場を経て、栃ノ木峠（虎杖峠《いたどり》）を越えて越前国に入る街道である。北陸道とも、虎杖越ともいう。街道名の北国は、現在の北陸地方を北国と呼んでいたことによる。この街道の多くの部分が、現在は国道八号線となっている。

木之本　北国街道の宿場として、本陣や脇本陣が置かれた。木之本地蔵で知られる浄信寺の縁起によれば、天武天皇四年（六七五）、祚蓮《それん》が当地柳の木の下に、難波浦に漂着した竜樹作の地蔵菩薩を安置し、当地を「やなぎのもと」と呼んだのを、後に「きのもと」と略称したという。北へ向かえば柳瀬、椿坂と樹木に関わる地名が連続していることからも、柳に限らず目印となる大きな木があったのだろう。

柳瀬《やながせ》　近くに玄蕃尾《げんばお》城（内中尾山城）跡があり、彦根藩は柳瀬関所を設置していた。村内を柳ケ瀬川（余呉川）が流れる。文字通り柳の木が生える瀬であろう。柳は早春に他に先駆けて芽吹き、根付きやすく生命力溢れる木である。田の神迎えに柳の枝を挿すなど神聖視されていた。

椿坂峠《つばきさかとうげ》　北国街道の椿坂と中河内の間にある標高四九七mの峠である。南側の椿坂からは急坂の道であるが、峠を越えた中河内側は緩やかな道である。冬にも艶やかな葉をした椿の木は、柳同様、神聖視された木であった。

北国脇往還《ほっこくわきおうかん》は、木之本から分岐して関ケ原で中山道に合流する街道で、現在の国道三六五号にあたる。木之本から長浜市の小谷宿（伊部・郡上）、米原市の春照《すいじょう》、藤川を経て関ケ原に至る。北陸から東海地方への最短路であるため、江戸時代には北陸諸藩の参勤交代の道として利用された。

春照《すいじょう》　伊吹山の扇状地の伏流水の上にあるため、古くは水上と書いた。下流で祀られていた水神様の水上では恐れ多く、火事がよく起こるのもそのためであるとして、「春照」の嘉字（好字）に改名されたと伝えられている。「上」と「照」は音が通じるが、「春」をスイと読むのは無理がある。確かに、シュン→スン→スイの変化との説明は一応できるが、とすれば、元の地名がシュンジョウとなり、スイジョウが和語である「水上《みなかみ》」の音読みと考えられることに矛盾する。かなりの難読地名である。

北国海道《ほっこくかいどう》（西近江路）は、古代の北陸道に当たり、大津から琵琶湖の西岸を北上し、海津から七里半越を経て北陸地方に入る街道である。現在の国道一六一号にほぼ当たる。街道名が紛らわしいので西近江路の名が使われることが多い。この街道には、衣川、和邇、木戸、小松、河原市、今津、海津の七つの宿場があったが、海津や今津と大津の間は湖上交通が盛んで、物資の多くが湖上交通で運ばれていた。

小松　中世には小松荘という荘園があった。のちに北小松村と南小松村に分かれた。南小松にある名勝・雄松崎の地を男松といい、それが転訛されて小松になったという。

若狭街道は、京都市左京区の八瀬・大原から比良山系の西側の朽木谷《くつき》を通り、若狭の小浜に通じる街道で、朽木街道とも言われる。街道名は若狭に通じることに因る。現在の国道三六七号にほぼ当たっており、日本海の海産物等を京都へ運ぶ最短路として利用されてきた。後に鯖街道と呼ばれるようになるが、決して鯖だけを運んだのではない。

花折峠《はなおれ》　伊香立途中と葛川《かつらがわ》・坂下の間にある標高五九一mの峠である。花は端と同源語で「先に伸びた所」、折れるは「そこで途切れる、曲がる」の意味。比良山系の南端のピークの折立山《おりたて》(下立山とも)から、山稜は急激に高度を下げ、西へ折れ曲がる所にある。稜線が尽く所か曲がる所の意味であろう。花折という優美な漢字が当てられたため、後に、葛川で修行をする行者が樒《しきみ》の枝をここで折り取るとの風習を生んだのだろう。

八風街道《はっぷう》は、湖東地方と伊勢とを結ぶ街道で、近江八幡市西庄町黒橋で朝鮮人街道から分岐して、東近江市八日市を経て永源寺町の黄和田、鈴鹿山脈の標高九三八mの八風峠を越え、三重県桑名市に通じている。現在の国道四二一号にほぼ当たっているが、国道は八風峠ではなく、その北にある石榑《いしくれ》峠をトンネルで抜けている。八風は峠名に因るが、この峠は八方から風が当たることによる命名との説がある。また、『伊勢風土記』は、伊勢国の国譲りをした国津神が、「八風を起こして東に去る」と言ったことによると伝えている。中世には、伊勢の海産物や布を近江へ運ぶ道として利用された。

御代参《ごだいさん》街道は、東海道の土山宿から笹尾峠を越えて、日野町の鎌掛《かいがけ》、八日市を経て中山道の小幡、愛知川に通じる街道である。「御代参」は、この道が多賀大社への参詣道であり、天皇や上皇の代参として公家たちが参拝するのに利用したことによる。

朝鮮人街道は、中山道の野洲の行畑《ゆきはた》（現小篠原）から分岐して湖畔寄りを北に進み、近江八幡市から安土町を経て彦根の城下を通り、鳥居本で再び中山道に合流する道である。江戸時代の朝鮮通信使一行が、江戸へ行くのに利用した道であることが街道名の由来で、浜街道、下街道とも呼ばれている。徳川家康が関ケ原の合戦で勝利し、京都に向かった時に利用した吉例の道であり、将軍上洛の際の道でもあった。

（清水　弘・小寺慶昭）

芥川龍之介「芋粥」の道

芥川龍之介には『今昔物語集』などから素材を得た初期の短編「羅生門《らしょうもん》」(『帝國文學』大正四年十一月号・この時、東京帝国大学文学科英吉利文学専修三年)、「鼻」(大正五年二月)、「芋《いも》粥《がゆ》」(同年九月)がある。「羅生門」の主人公は平安期の無位無官の人間「下人」、「鼻」の主人公「禅智内供」の「内供」は「内供奉」の主人公の略で僧職、「芋粥」の主人公「五位」は下位ではあるが貴族社会の一員である。

時は平安朝初期、摂政藤原基経に仕える五位の侍は、京では貴重な芋粥を飽きるほど飲むことを夢想していた。この望みをかなえようと、同輩の藤原利仁《としひと》が遠く越前敦賀への旅に五位を連れ出す。

粟田口から湖西を通って、敦賀へ行く道中、狐の連絡で利仁の館の男どもが、高島まで迎えに来る。山科までの描写がゆっくりで、近江になると急にスピードが出て、狐を出すことで異次元の世界をにおわせる描写がうまい。

「これ、狐、よう聞けよ」利仁は、狐を高く眼の前へつるし上げながら、わざと物々しい声を出してこう云った。「その方、今夜の中に、敦賀の利仁が館へ参って、こう申せ。『利仁は、唯今俄に客人を具して下ろうとする所じゃ。明日、巳時頃、高島の辺まで、男たちを迎いに遣わし、それに、鞍置馬二疋、牽かせて参れ』よいか忘れるなよ」

云い畢ると共に、利仁は、一ふり振って狐を、遠くの叢の中へ、抛り出した。

「いや、走るわ。走るわ」

（「芋粥」）

「高島」について、「芋粥」の典拠である『今昔物語集』巻第二十六利仁(ノ)将軍若(カリシ)時従京敦賀将行五位語(キャウヨリツルガニゴヰヲヰテユキタルコト)、第十七の「高島」の頭注は「和名抄に、高島郡を載せる。滋賀県高島郡高島町」、同じく「芋粥」の典拠である『宇治拾遺物語』巻一ノ一八利仁芋粥事の頭注は「滋賀県高島郡高島町。大津市の北三五キロ古く勝野津と呼ばれ琵琶湖西岸の交通の要地」とある。

「勝野」については、吉田東伍『大日本地名辞書』上巻(冨山房 二版 明治四十・十)近江国に「何處にか吾は宿らむ高島の勝野の原に此日暮れなば(萬葉集)」を引く。万葉集巻三雑歌・高市黒人の羇旅歌八首(二七〇〜二七七)中の二七五番歌である。『角川日本地名大辞典 滋賀県』は現在の高島市「高島郡高島町」の「立地」を「県の咽喉部、県の西部、高島郡の最南端に位置する」とし、「沿革[古代]」で「当地域は高島郡への玄関口にあたる交通の要衝で、北陸と畿内を結ぶ最短路として西近江路が早くから開かれていた」と記す。

「芋粥」時代の和歌としては、平安朝中期に生きた中古三十六歌仙の一人、増基法師の作がある。遠江から京への帰途に詠んだ「高島や松の梢に吹く風の身にしむ時ぞ鹿も鳴きける」で、遠江から京への道においても、高島が交通の要衝であったようだ。

文学史上の「芥川龍之介「芋粥」の道」についても考察したい。「芋粥」は芥川が当時新人作家の登竜門であった文芸誌『新小説』大正五年(一九一六)九月号に執筆した第一作である。『新小説』の編集顧問をしていた鈴木三重吉が、夏目漱石の激賞した(大正五年二月十九日付芥川宛書翰)「鼻」(第四次『新思潮』創刊号〈大正五年二月〉)の才能を認めて依頼した。鈴木は芥川とは東京帝国大学文科大学英吉利文学科の先輩であり、漱石門下の兄弟子であった。

「芋粥」発表直後の大正五年九月二日付芥川宛漱石書翰も、「突くべき所は突いた、それでいて十分に『芋粥』の価値を認識した懇切で愛情に満ちた批評」(吉田精一)であった。「芋粥」(『新小説』)は、「手巾」(『中央公論』十月)と相俟って「芥川君は売ッ子になりました」(大正五年十一月十六日付成瀬正一宛はがき)と漱石の告げる鮮やかな登場を果たした。

漱石が芥川ただ一人に宛てた書翰は、「鼻」と「芋粥」を評した右の二通のみである。

(高重久美)

第14章　大津百町

坂本城から大津城へ

坂本は、その名の通り「坂（比叡山）のふもと（本）」に形成された街である。比叡山の西麓の雲母《きらら》坂が「西坂」と呼ばれたのに対し、坂本は「東坂」と呼ばれた表参道であった。

元亀二年（一五七一）の比叡山延暦寺の焼き討ち後、織田信長が明智光秀に命じて、三津浜に坂本城を築城させたのは、延暦寺の動静の監視と湖上交通の支配権の確立という二つのねらいがあったからだといわれている。ルイス・フロイスの『日本史』によると、坂本城は、安土城に比肩する天守を備えた豪壮な城であったという。ちなみに現在の地名表記については、下阪本一丁目から六丁目は「阪」の字を用いている。明治二十二年（一八八九）に下坂本村と比叡辻村が合併して「下阪本村」が誕生した時に表記が改められた。大坂商人が「坂」の字を嫌って（「土にかえる」「土がつく」）、幕末頃から「大阪」に変更したのに倣ったのであろう。

本能寺の変の直後、坂本城に籠城した重臣明智秀満は、光秀の死を知り、同行していた妻と、光秀の妻子を自身の刃にかけた後、城に火をつけ、城とともに滅亡した。

清洲会議で豊臣秀吉は、「坂本を所望するのは、天下の覇権を望むことであり、坂本を望んで野心ありと見られることを怖れる」と発言したと伝えられている。真偽はともかく、当時の坂本の軍事的・経済的な重要性を如実に示すエピソードである。その後、覇権を握った秀吉は再建された坂本城に入ったが、自身の政治的基盤を大坂に築いたことで拠点を大津城に移す。現在の京阪石山坂本線「びわこ浜大津駅」の付近を中心とした一帯が、大津城の本丸の所在地として知られる。

巨大な富を築き上げた近世大津の商人たちが住んだ大津百町の繁栄の歴史は秀吉によって開かれたのである。

大津城と籠城戦

中世の**大津**は、諸道が結節し、分岐する交通の要衝として早くから栄え、園城寺の門前町として知られていたが、**西浦**と**東浦**という地名で二分されていたことでも分かるように、農村、漁村的な性格をも色濃く残す集落であったとみられる。西浦は園城寺、東浦は延暦寺のそれぞれ支配下にあった。十三世紀の『後鳥羽院宸記』によると、山門（延暦寺）と寺門（園城寺）の抗争が両浦を巻き込んで激しく行われていたという。現在のJR大津駅前周辺は、東浦と呼ばれた地域にあたる。十五世紀の「大津古絵図」（明治期の写し）によると、葭原町付近まで湖岸線が陸地に入り込んでいた可能性がある。秀吉の時代にその拠点が坂本城から大津城に移されたことに伴って、坂本城下の住民の大津への移住が始まり、坂本にあった町名が移住先の大津町にも移された。**坂本町《さかもとちょう》・新町《しんまち》・柳町《やなぎまち》・太間町《たいまちょう》・小唐崎町《こがらさきちょう》・石川町《いしかわまち》**などがそれにあたる。移住先は、大津城の堀や湖岸の埋立地の可能性が高い。石川・小唐崎・柳の三町は、いずれも現在の下阪本にあった「志津《しづ》」と呼ばれたあたり、太間は「戸津《とづ》」と呼ばれた湖岸沿いにあった町名である。湖岸付近の漁業・水運・陸運などに関わる人々が集団で移動したのであろう。

大津城に中心が移った天正十五年（一五八七）は、秀吉が、「大津百艘船」に対して定書を下し、大津に諸浦の丸子船を集めて独占的に使用することと引き換えに、湖上の特権を与えた年でもある。「大津浦」は、水運による直轄地からの年貢（御蔵米）の集積地として、秀吉によって保護育成が図られたのである。

秀吉没後、関ヶ原の戦いの前哨戦が、大津城を舞台に戦われた。文禄四年（一五九五）に城主になっていた京極高次は、曲折を経て東軍につき、わずか三千の兵で大津城に籠城し、

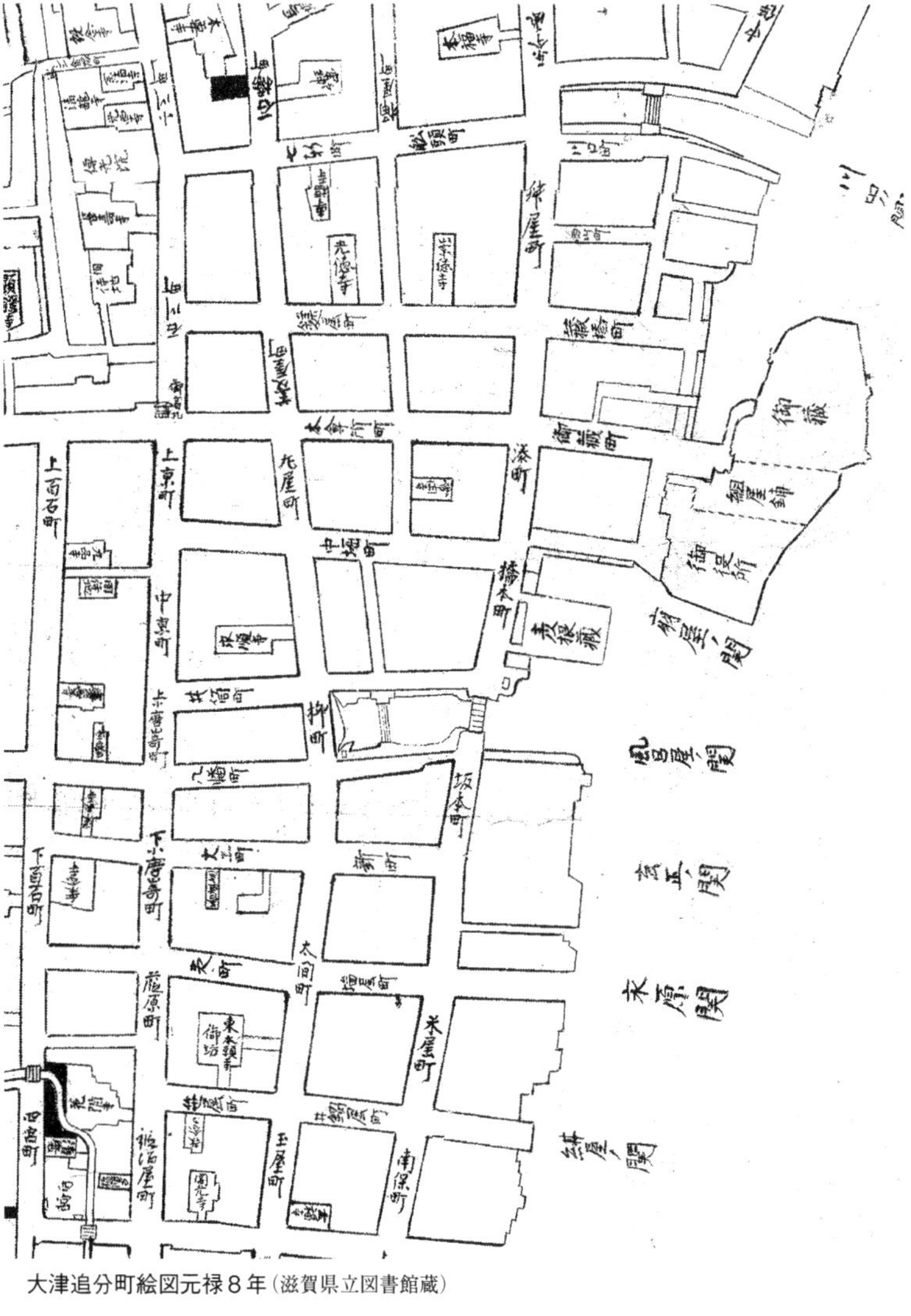

大津追分町絵図元禄８年（滋賀県立図書館蔵）

毛利元康、立花宗茂らが率いる西軍一万五千の軍勢を十日余り足止めにした。西軍の関ヶ原への到着を遅延させたことで、東軍の勝利に大きく貢献した。

大津城の籠城戦で焦土と化した大津を復興・再編したのは家康である。家康にとっても大津は重要な土地であった。幕府の直轄領とし、引き続き大津百艘船の特権を安堵したことで、大津は再び繁栄の時を迎える。

大津百町の歴史と由来

大津城は再建されず、その役割は膳所城に移されたので、焦土と化した大津の中心にあたる中堀・内堀・外堀が埋め立てられた。大津が再生に向う十六世紀から十七世紀に確認できる大津の町名は、北国町《ほっこくまち》・**北保町**《きたほちょう》・**中保町**《なかほうまち》・**京町**《きょうまち》など十か町ある。北保町・中保町は、平安時代の行政単位(郡・郷・保・村)として用いられていた「保」に由来すると思われる。京町は東海道の、京へ続く道、京町通りを挟んで形成された。江戸幕府下で東海道の宿場が整備されるなかで、近世の大津百町は七組の町組に分けられる。浜側の道から、南に向って、浜通・中町通・京町通(東海道)という三本の通りが街を東西に貫き、街の機軸となった。大津を俯瞰すると、鶴が羽を広げたような形に見えるので、鶴の里と呼ばれたという。

以下、町組ごとに主な町名の由来について述べたい（町名の後の括弧内の町名は現在該当する町名である）。

【浜組】［十七町］

湖岸沿い東西に延びる浜町通沿いに形成された町組である。大津城の廃城後、幕府をはじめ各藩、有力商人の所有する蔵が湖岸に建ち並んでいた。四町で曳車を出すほどの富裕層の多い町組である。

湊町《みなとまち》（浜大津・中央）　江戸幕府の米は、当町の扇屋関のみで荷揚げされた。「扇屋」は大津町の惣年寄を務めた米商・矢島藤五郎の屋号である。浜組の象徴的な町名で、大津祭曳山「石橋山」を出す。

御蔵町《おくらまち》（浜大津）　幕府の蔵があったことによる。将軍家への敬意が「御」に表現されている。大津城の本丸跡に当たる。

橋本町《はしもとちょう》（浜大津・中央）　大津城東側の大橋堀に架かる大橋の橋詰にあったことによる。近江の最有力藩であった彦根藩の米蔵が北側に置かれ、敷地内には、「他屋」（彦根他家）と呼ばれる商人の長屋が建ち並んでいた。他屋は、荷駄を扱う「駄屋」が由来と言われるが、大津町にありながら彦根藩の土地なので、賦役がかからなかったという事情があったので「他屋」に変化したのかもしれない。

元会所町《もとかいしょまち》（長等・中央） 大津町の自治の象徴である七組の総会所があったことによると言われている。寛永年間（一六二四〜四四）頃から大津代官の下、惣年寄、補佐役の町代が町全体を統轄していた。七組の町組ごとに組惣代と呼ばれる代表者が置かれ、彼らは投票により選ばれた。

坂本町（中央・浜町） 大津城の築城時に坂本から多くの住民が移住した際、旧地から地名も移した。『大津珍重記』（十八世紀）は、町屋の移転は一六〇〇年以降とする。

白玉町《しらたまちょう》（中央・浜町） 明治七年（一八七四）に塩屋町と米屋町が合併して成立した新しい町名。合併後の新町名を巡って両町が対立したが、県令によって白玉町にするよう裁定があり決定されたという。白玉は品質優良な米の銘柄名から採ったものと言う。

上・下堅田町《かたたまち》（中央・島の関） 天正期（一五七三〜九三）に、堅田の船仲間が移転して集住したことによる。中世までの琵琶湖水運は堅田衆によって支配されていた。明治五年（一八七二）まで曳山町として神楽山（三輪山）を出していた。

上・下平蔵町《へいぞうまち》（中央・松本） 町名は、近世初頭に船奉行であった早崎平蔵の屋敷があったことによると言われている。「江州湖水船御奉行之次第」には、天文十四年（一五四五）に平蔵が船奉行に任命されたものの、天正二年（一五七四）、織田信長によって罷免され、観音寺（草津市）第七世慶順が任命されたと記されている。船奉行は、湖上輸送の新たな秩序の創出を企図して秀吉によって設置された役職である。平蔵が船奉行を務めたという確証はなく、御蔵米の管理にあたっていたという説もある。

甚七町《じんしちまち》（松本）　川屋甚七という人物の所有地であったことによると言われている。『大津珍重記』によると、当町稲荷新地に料理茶屋街があり、遊女を置いていたようである。甚七の子孫が元禄年間（一六八八～一七〇四）に遊女屋を始めたという。甚七町は浜町組の東の端付近に位置しており、遊女屋を営むには適地であった。甚七町から中町通に抜ける近道・御歯黒辻子の名前の由来は、この遊女屋があったことによると思われる（江戸の吉原を囲む堀も「お歯黒どぶ」と呼ばれた）。

【中町組】［十二町］

中町通沿いの東西に形成された町組。五町で曳車を出すなど富裕層の多い町組である。

中堀町《なかぼりまち》（中央）　大津城の二の丸の堀、中堀の地を埋め立てて町割りが行われたことによる。中町組は、当町の名をとって中堀町組ともいう。

柳町（中央）　坂本の柳町は、日吉山王祭の際、神輿の渡御する七本柳があったことによる町名である。七本は日吉七社に由来しており、浜には多くの柳が植えられていたという。ここの住民が大津町に集団で移住した際に町名も移されたと考えられる。

玉屋町《たまやちょう》（中央）　天正十四年（一五八六）頃の大津城築城に伴い、鉄砲玉の製造所が置かれたことによると言われている。元禄八年（一六九五）の町絵図に見える。

了徳町《りょうとくまち》（松本）　佐々木六角氏の家臣、和田了徳の屋敷地があったことによると言われるが、詳細は不明。

【京町組】［十三町］

その名の通り、京へ通じる旧東海道にあたる街道を挟んで形成された町組。四町で曳車を出すなど、ここも富裕層の多い町組である。

葭原町《よしはらちょう》（中央・京町）　十五世紀に成立した「大津古絵図」には葭原沼がみえ、大津城築城の頃に埋めたてられたと推定されている。植物のヨシが生い茂っていた景観が沼の名称の由来であろう。

後在家町《ございけまち》（中央・京町）　在家には民家という意味がある。新しく開発された土地にできた町の町名として、新在家や今在家などが各地に見られる。「後」がつくので他の町より遅れて出来た町と思われる。

上・下小唐崎町（中央・京町）　大津市坂本の湖辺にいた住民が大津町に移住した際、そのまま地名を移した。小唐崎町は、現在の下阪本一丁目付近にあって、唐崎神社からは一・五㎞北にあたるところにあった。

【升屋組】［十六町］

浜町通から北国海道に通じる通りに団塊状に形成された町組である。

上・下大門町《だいもんちょう》（大門通り）　北国海道より園城寺《おんじょうじ》（三井寺）北門に至るまでの両側町。中世の大津は園城寺の門前町として知られていた。

升屋町《ますやちょう》（浜大津・長等）　役持ちの家の屋号に由来するというが未詳。通りの東端に位置する。

東・西今颪町《いまおろしちょう》（浜大津・長等）　当町の開発は古く、園城寺の文書（一四一六年）に見える。自然現象が町名になるのは珍しい。近江三颪の一つに「三井寺颪」がある。春先に南よりの強風が南湖で吹き始める。陸上より湖上で風が強くなるという特徴があるが、三井寺の門前町として早くから開けた当町の住民の、気候の厳しさに対する実感が町名に反映しているのかもしれない。

今堀町《いまほりまち》（浜大津）　今颪町の北側にある。町名は、西側にあった大津城の堀が今堀関と呼ばれる荷揚場になっていたことによる。薪炭を扱う荷問屋や仲買人が居住したという。

観音寺町《かんのんじまち》（観音寺）　北保町の北西につながる北国海道の両側町で、船奉行の芦浦観音寺（現草津市）が当町に屋敷を構えたので町名がある。

【石川町組】［十二町］

馬持・船頭など、運送関係に従事する人達が多く住んでいた町組である。

馬場町《ばばちょう》（長等）『近江輿地志略《おうみよちしりゃく》』は、享禄年間（一五二八〜三二）に佐々木京極家の配下にあった青地市右衛門が、軍功あって大津の近郷を拝領し、この地に馬場を設けて桜や桃を植えて騎射を楽しんだことが町名の由来と言う。またその後、鍵屋又右衛門が遊女を置き傾城町とした。馬場町は別名柴屋町とも言ったが、遊女が客をもてなすありさまを、恋心をたきつけるという意味にかけて柴屋町という隠語で呼んだという説を述べる。遊郭は、京都の島原などのように元の所在地名とは別の通称で呼ばれる場合が多く、この説には説得力がある。

【谷町組】［十六町］

下関寺町から大谷町を経て追分にいたるまでの谷沿いの町組で、下関寺町組ともいう。

上・中・下関寺町《せきでらまち》（逢坂・春日町）町名は、世阿弥の謡曲「関寺小町」で有名な関寺（世喜寺）に隣接していたことによる。平安時代の藤原道長やその夫人・倫子など多くの人々から崇敬を集めたが、衰退し、現在逢坂二丁目にある長安寺が寺基を引き継いでいると言われている。寺名は逢坂関の近くにあったことによる。

上・下片原町《かたはらまち》（逢坂）東海道沿いの谷間にあり、町屋は東側のみに並ぶ片側町であったことが町名の由来であろう。近世には土産物として有名な大津絵・大津算盤を製造販売す

近江八景と琵琶湖

風光明媚な琵琶湖は、古来から文人墨客に愛されてきた。彼らはその美しさを憧憬の的である中国に比そうとし、そこから近江八景が生まれることになる。

近江八景は、中国湖南省の瀟水と湘江の合流点あたりの八つの佳景である瀟湘《しょうしょう》八景を擬して、後世に寛永三筆の一人と讃えられた近衛信《のぶ》尹《ただ》（一五六五～一六一四）が八か所の地を選び、和歌を詠んだのが最初とする説が有力である。これらの地が中国にならい漢字四文字で表されるようになるが、地名以外は全く同じである（上段が近江八景、下段が瀟湘八景）。

石山秋月　洞庭秋月
瀬田夕照　漁村夕照
粟津晴嵐　山市晴嵐
矢橋帰帆　遠浦帰帆
三井晩鐘　煙寺晩鐘
唐崎夜雨　瀟湘夜雨
堅田落雁　平沙落雁
比良暮雪　江天暮雪

瀟湘八景に比べて、近江八景の方が湖南地方を中心に地域的に限定されるとともに、地名もより具体的で、見るべきポイントが絞られている。理由として、著名な歌人でもあった信尹が、歌枕を大切にする和歌の伝統を重んじたためと考えられる。

八景のうち、粟津以外はすべて夕方から夜の場面である。唯一昼である粟津晴嵐も、松林の枝が強風にざわめかされている景色であり、これらには春の穏やかな日差しに包まれて咲いた鮮やかな花を楽しむような世界はない。

つまり、文人趣味であり、山水画・水墨画の世界を理想としていたのである。華麗より枯淡を、明瞭より茫洋を好んだのである。芭蕉の「辛崎の松は花より朧にて」は、まさにこの世界として味わっている。

しかし、江戸時代も後半になり、旅行が大衆化し、庶民が近江八景を楽しむようになると、好みが墨絵の世界から多色刷りの世界に変化する。それを決定づけたのが歌川（安藤）広重の浮世絵「近江八景」である。彼は三井晩鐘も昼の世界のように描いている。比良暮雪も唐崎夜雨も、湖面の一部を鮮やかな藍色で描くことで、単調になりがちな墨絵の世界からの脱皮を図っている。まさに文化を受容する層の変化が、近江八景の新しい魅力を創造したのである。

一方、琵琶湖という名称も案外新しく、かつては近江の海、淡海、鳰《にお》の海などと呼ばれていた。木村至宏『琵琶湖――その呼称の由来』によれば、琵琶湖の初出は僧景徐周麟《けいじょしゅうりん》（一四四〇～一五一八）の七言絶句「湖上八景」の中の「（有声画ヲ）袖中ニ携エテ琵琶湖ヲ去ル」とされる。長命寺から見た景色を賞賛した漢詩で、当時から「湖上八景」と意識されていたことも分かるが、この流れの中で地名が限定され、先の信尹の歌が成立したのであろう。

楽器の琵琶は正倉院御物にも見られるように、はやくから渡来していて、『近江輿地志略』の「詩人呼びて一名を琵琶湖といふ。其形似たるを以てなり」の説が納得できる。

琵琶は竹生島の都久夫須麻《つくぶすま》神社に鎮座される弁才天の持ち物とされる。竹生島はイツクベノシマ（斎部島）が語源で、神が鎮まり、神を祀る人たちのいる島の意であろう。

最澄（七六七？～八二二）が一乗止観院（後の根本中堂）を開いた時、夢の中に弁才天が現れ、比叡山の仏法を守護すると誓ったとの話がある。弁才天は慈円（一一五五～一二二五）の夢にも現れるなど、比叡山と竹生島の宗教的な関わりは深い。

琵琶に似た形は弁才天の象徴でもあり、叡山を守り、ひいては日本国土全体の安寧を祈願する意味を込めたのであろう。

つまり、琵琶湖という名称は、単なる楽器との形の相似だけでなく、「淡海の湖は海ならず天台薬師の池ぞかし」（『梁塵秘抄』）と歌われたように、神仏の加護を受ける聖なる地として言祝《ことほ》ぎされた名称であり、後にそれが一般化したと考えられる。

（小寺慶昭）

第15章　近江の難読地名

和語地名の漢字表記―難読の元凶―

近年「かな・カナ」で書く地名が増えているが、各地の小字地名や小さい地名については昔からよく見かける表記であった。それらにあえて漢字を当てなくても、その土地の名の言い方を伝え継いでいくことで充分だったからであろう。一方「仮名（かな・カナ）」が確立する以前、地名という「言語」を記録するために、固有の文字を持たない日本人は、中国の漢字を借りて和語（日本語）の地名を表記する、様々な工夫を凝らしてきた。漢字で表記した地名が読めないという難読地名が存在する元凶は、この和語地名の漢字表記に発している。和語の地名とその漢字表記との間にいろいろな要因でズレ・ヒズミが生じているることが難読の要因である。以下、その主な要因を事例で示しながら考えてみたい。

なお、『角川日本地名大辞典25　滋賀県』（角川書店）、『日本歴史地名大系25　滋賀県の地名』（平凡社）などでは「難読地名」の一覧表を掲載しているので参照されたい。

万葉仮名という用字法と地名表記

漢字一字の表す音を借りて、和語の一音節を漢字一字で表示する用字法を「万葉仮名」という。これには音仮名と訓仮名とがある。地名「しが」を「志賀」「滋賀」と表記するのは、「志」「賀」「滋」という漢字の音だけを借りていて、これらの字を音仮名という。地名「みつ」を「三津」「御津」と表記する場合、「三」「御」「津」という漢字はそれに相当する日本語「み」（三の意、または敬意をこめた語）「つ」（港の意）の音だけを借りた場合、これらの字を訓仮名という。但し、これらの漢字が和語地名「みつ」の意味を伝えている場合は、訓仮名ではなく正訓字である。近江の「三津（浜）」（大津市）の場合は正訓字と解されている。万葉仮名による地名の場合、その地名の読み方は分かる、つまり基本的に難読になることはないが、漢字の意味が地名の意味を表していることはまずなく、かえってどういう意味の地名か分からなくて、難解な地名であることが多い。

「風土記」編纂にともなって出された詔勅には、地名を漢字表記するに当たって、嘉字（好字）を用いることと、二文字で表記せよとの二つの条件（制約）があった。「しが」「みつ」など二音節地名はほとんどが万葉仮名で二字表記されている。例えば、それまで木簡などでは「安」（「安評御上五十戸・安」）と漢字一文字で記録された地名も「益珠」（音仮名）

とか「野洲」（音訓交用の仮名表記）など漢字二文字で書かれるようになった。「浮気」「吾名」「平流」など、万葉仮名で表記されていると、地名の音は変化することなく伝わるという利点がある。特に式内社の神社名に万葉仮名によるものが多く見られ、「都久夫須麻《つくぶすま》（神社）」（竹生島）、「佐久奈度《さくなど》（神社）」（大津市大石）、「阿志都彌《あしづみ》（神社）」（高島市今津町）などがある。例えば「阿自岐《あじき》（神社）」（犬上郡豊郷町安食西）の場合、万葉仮名表記がその存在地の地名「安食」が「あじき（→あんじき）」と読む地名である証拠を残してくれていることになる。いずれにしてもこの用字法による地名の場合、読む上で困難ということはまずないと言える。

和語地名の音変化による難読化

式内社に「奈波加（神社）」（大津市）があり、万葉仮名で「なはか」という音を伝えてくれていることが、難読地名「**苗鹿**」（大津市）が今「のうか」と呼ばれる謎を解くヒントになる。つまり「苗鹿」は元は「なは（苗）か（鹿）」と発音されていたが、「なはか→ナワカ→ナウカ→ノーカ」と音変化した結果、難読になったことが理解できるのである。地名が神社名にも用いられた場合で、「なえば（苗場）」、「あえば（饗庭）」（高島市に「饗庭野」がある）と同じく「菜園」を意味したのであろう。この例のように漢字表記は変わらなくても、その地名を伝える音が変化してしまったため読めなくなったという地名が、難読化した地名の多くを占めている。

「**藺生**《ゆう》」（高島市今津町）は、「藺（ゐ）生（ふ）」が「ゐう→いう→ゆう」と変化してきた例（文字通り「藺草《いぐさ》の群生地」の意であろう）。このように「植物名＋生」という語構成の地名が多く存在するが、その一つに「**栃生**」（高島市朽木）があり、「とちゅう」と今は読むが、元は「とちふ」（「橡・栃の群生地」だったと思われる）であったものが「とちう」から更に長音化して「トチュー」と発音するようになった。「橡（栃）生越え」（竜華越え・途中峠とも）という峠もある。おまけに「とちゅう」という音形式に合わせて、「途中」（大津市伊香立途中町）と漢字を当てて表記することにもなっている。

「**阿閉**《あつじ》」（長浜市高月町）という地名は、元は居住する氏族の名が地名となったもので、「あへ（饗）」氏、「阿部」氏とは同祖と言われる。漢字「阿閉」をあてた（音仮名）が、これが「あとぢ」と読まれ（音訓交用の表記）、更に「と」が「つ」と交替して「あつぢ（じ）」となったと解されている。「あつじ」から「阿辻」と漢字を換えた氏族名も生まれたものと見られる。阿辻姓は長浜市に集中して最も多いようだ。「饗」は、天皇の食料供給を統括する職掌を意味し、「御厨」に関わる氏族であったと思われる（コラム「膳所と御厨地名」

やないた

ここは甲賀町
毛枚
Mobira Koka-cho

ここは ドイツの
鐘のなる里
東《ひがし》阿《あ》閉《つじ》です
山岡孫吉翁生誕の地
ヤンマー㈱創始者

大床《おおずく》
Ozuku
湖国バス

お市ちゃん
タクシー
13
湯次

信楽高原バス
杵原
KOUGEN BUS

斧磨
YOKITOGI
字名の由来

参照）。「と（ど）」と「つ（づ）」は交替し易い関係にあったことは、「**安曇**（川）」（高島市）は「あど（がわ）」と読むが、「**安曇**（郷）」（『和名抄《わみょうしょう》』伊香郡の郷の一つ）は「あど」か「あづ（み）」かで揺れているし、古代歌謡には「鴨着（ど）く」「鴨着（づ）く」の両形が見られ、京の「葛野」は「かづの」が「かどの」と変化している。南山城では、「挑《いど》み川」とも「泉川《いづみ》」ともいう例がある。これらを参考にすると「**大床**」（高島市今津町）を「おおづく」と読む難読地名も、本来は「おおどこ」と読んだところ、「ど」と「づ」および「こ」と「く」の母韻交替（o→u）で難読化したものと考えられる。

なお、「**酒人**《さこうど》」（甲賀市水口町）は、「妹」（いもひと→いもうと）、「弟」（おとひと→おとうと）、「客人」（まれびと→まろうど）などの例同様、「さかひと」が訛ったもので、比較的わかりやすい。「**祝山**《ほりやま》」（長浜市西浅井町）は「ハフリ山→ハウリ山→ホーリ山→ホリヤマ」と変化し、「**柞原**《ほそはら》」（甲賀市信楽町）は「ハハソ原→ハワソ原→ホソ原」と音変化した例である。「**北仰**《きとげ》」（高島市今津町）もおそらく口頭で「きたあふぎ」→「きとをげ」→「きとげ」と訛伝されてきた結果と思われる。こうした音変化を想定しないと、今の「きとげ」に「北仰」という漢字表記を当てることなど思いも寄らないであろう。口頭伝承の過程では大胆な訛伝も起こるのである。

古語の残存で難読化

漢字表記が伝える地名の和語自体が時代の経過に伴って使われなくなり、つまり古語化してしまい、現代では馴染みのない言葉になったため難読になった地名の一群がある。

「破塚《こぼしづか》」（古保志塚とも、現東近江市市辺町付近）は壊す、破壊するの意の古語「こぼつ（こぼす）」を用いた地名で、しかも「破」という漢字は今は「やぶる・やぶれる」と専ら訓ずる字になっている。早くに古墳群が破壊された地であったことによる命名であろうか。

「木綿園《ゆうその》」（現守山市欲賀町一帯か）には、「ゆふ（木綿）」という今では古語になった語が用いられている。平安時代には歌枕として知られ、藤原俊成らが歌に詠んでいるし、中世の「結園庄」の表記から「ゆう」と称したことも分かる。「ゆふ（木綿）」は、楮の皮の繊維を剥いで作った糸のことで、神事などに使われたという。「木綿襷《たすき》」は神事に奉仕するときに掛ける襷。文字通り「ゆふ（木綿）」を取るために楮などを栽培していた園であった地であろう。「もめん（木綿）」とは別物である。

「綣《へそ》」（栗東市）の「へそ」とは紡いだ麻糸を巻くこと、または巻いたもので「綜麻」（『万葉集』）とも書いた。麻糸を「を（苧）」と言い、麻糸を巻いたものを「苧環《おだまき》」と言った。他にも**「斧磨《よきとぎ》」**（愛知郡愛荘町）は、今は「おの」と読む「斧」を「よき」（小さいおの）という古語あるいは方言を用いている。「菌《くさびら》（神社）」（栗東市中沢）の「くさびら」は食用となる草やキノコ類の総称として用いられた古語といった例もある。

「**湯次**《ゆすぎ》」（長浜市、『和名抄』浅井郡の郷の一つ）。式内社に湯次神社がある。「次」の字の訓は今では「つぎ・つぐ」であるが、古代では「すき・すく」であった。大嘗祭の悠紀国・主基国の「すき（主基）」は、正に対する副の意の「次」であるという。隠岐国の木簡に「次評」と表記するものがあるが、これは『和名抄』の隠岐国の「周吉《すき》郡」に当たる。このように「次」を「すき」と読んだ地名が「木次《きすき》」（島根県）、「三次《みすぎ》」（広島県三次市、今は「みよし」と読む）など、主に西日本の各地に見られる。「湯次」という地名の由来を「弓《ゆ》月《づき》（氏）」との関係で伝える伝承があるが、「次」を「つぎ・つぐ」とも言うようになってから付会された伝承であろう。今では「ゆつぎ」と読んでもおかしくはないが。「ゆ（湯）」は「井」に関わる水の豊かな地を意味したか。米原市の「郷里井《ごうりゆ》」「出雲井《いづもゆ》」など、湖北では「井」を「ゆ」と読んでいる（または、「ゆ」に「井」の字を当てている）。

熟字訓的表記の難読性

漢字二字以上を和語の一語で読むような用字法を熟字訓という（例：「紫陽花」を「あじ

さい」と読む)。地名にはこうした熟字訓的な用字によって難読地名となっているものがある。

「**山女原**《あけびはら》」(甲賀市土山町)はその一つで、鈴鹿峠の北方にある地名。「山女」は、川魚の「やまめ」を表すこともあるが、この場合は熟字訓ではないが、木の実の「あけび」を表す場合が熟字訓で、「木通《あけび》」とも書くがこれも熟字訓である。天正期の日記に「あけび原」とある。地名あるいは普通名詞として「植物(特に樹木)名+原」の語構成の語が多く存在する。松原、竹原、栗原などで、この「山女原」もその一つで、「あけび」が群生する土地を意味する地名と考えられる。なお、犬上郡多賀町にも山女原《あけんばら》という地名がかつてあったが、「あけびはら」が撥音便化していた。「**杠葉尾**《ゆずりお》」(東近江市)、本来「杠」の字で「ゆずりは」を指すから「葉」は余分だが、地名の二文字化によるか。「尾」は「植物名+尾」の場合、「生(ふ)」「原」に通う「尾」と見られる。中世の文書に「ゆつりはう」とあるが、「う」は「ふ(生)」か。つまり「ゆずりは+原」と同じとみて、「杠の群生地」を意味したと考えられる。

「**瓜籠**」(現近江八幡市宇津呂町)を「うつろ」と読むことは、昔「宇津呂庄(村)」や「宇津呂正神主職」(一三七一年の文書)と書かれていることから分かる。永正九年(一五一二)の文書に「瓜籠村惣中」とある。「うつろ」を空船《うつろふね》などの例から空洞の意と捉えて、瓢箪や夕顔の実などを乾燥させて中をくり抜いて使った物が「瓜籠」で、中が空洞であったことから「うつろ」と解したか、そうした器を生産する地であったのだろう。

「**相撲**（庭）」（長浜市）の「相撲」を「すまい」と読む、「**打明**」（高島市）を「ひらき」と読む、「**主計**」（長浜市）を「かずえ」と読むなども、この項に該当する例である。

「**葛籠**」（甲賀市水口町京町）を「つづら」と読むのは熟字訓である。「葛籠」は「つづらこ」ともいうが、衣類などを収納する、蔓草や竹で編んだ籠のことである。慶長七年（一六〇二）の「検地帳写」に見える地名。宿場の特産品であった葛細工が生産されていた土地であったことに因む命名であろう。彦根市にも「葛籠町」があり、かつて葛籠村は「藤細工をいたす、此辺之名産也」と記されるように、藤も蔓草の一種で「葛籠」という地名の由来に深く関わっていたことは充分考えられる。

二文字化で難読化

「風土記」編纂時の「嘉字化」「二文字化」によって、本来の和語地名の持つ意味が無視されたりなどして、難読地名が発生することになった。

「**服部**」（守山市）、殆どの人が「はっとり（はとり）」と読める地名だが、「部」の字と「はとり（はっとり）」の関係を説明せよと言われると難しい。『和名抄』野洲郡服部郷では「ハトリ」と万葉仮名で訓じられている。本来は「服織部《はたおりべ》」（機織部）という部民名および地名であった。「はたおり」の二重母音をさけて「はとり」と融合化し、先の二文字化政策によって「服部」と表記し、呼称の方も「べ」を略して、「服部」で「はとり（後、はっとり）」と言うようになったのである。「羽鳥」姓も「機織部」に由来する姓で、「はっとり」と促音が挿入されない言い方が残ってきたと言えるだろう。

「**錦部**《にしこり》」は郷名として滋賀郡と浅井郡とに見られ、『和名抄』の訓註はどちらも「にしこり」とあり、先の「服部」同様、「部」の字を表記するがその字に相当する「よみ」はない。「にしこり」は「にしきおり」の二重母音を嫌って融合化したもの、つまり本来「錦《にし》織部《こりべ》」であるものを、二文字化表記したのが「錦部」となった。口頭では「べ」も略して言う。今大津市の「**錦織**」は「にしこおり」と読む。「にしこり」の「こ」が「（にし）きお（り）」の二重母音を避けた融合形で、すでに「おり」が含まれているのにそれを無視して、おそらく「織」の字につられて、それを新たに「おり」と読んで「にしこおり」となったと思われる。後世になると表記の漢字につられて新たに漢字を読んでしまうことが起こるのである（それによって呼称が先祖返りすることもある）。かえって「にしこり」よりも難読化している。なお、浅井郡に関わる木簡に「大井里委文部鳥」があり、「錦部郷」

の近隣の大井郷では「委文《しどり》（倭文）部」が居住し国産の織物を生産していたと推定できる。

「**信楽**《しがらき》」（甲賀市）も「風土記」編纂時の基本方針である地名表記の嘉字による二文字化で生まれた表記であろう。八世紀半ば聖武天皇が開いた都は「紫香楽宮」と表記されたようだが、正倉院文書に残る三例の「しがらき」の表記はいずれも「信楽」ですでに二文字化している（第1章参照）。語源説に、山中の材木供給地であることから、「繁《しげ》る木」と称した、その訛伝が「しがらき」と解する説がある。

その他――特殊なケース

「**毛枚**《もびら》」（甲賀市甲賀町）の「枚」は、大阪府枚方市など「ひら」と読む地名が各地にある。一枚、二枚の「マイ」に当たる和語（訓・ひとひら、ふたひら）である。「ひら」と読む「枚」は、難読漢字になっている。一般に「常用漢字表」外の音訓は難読ということにもなる。「**仲屋**《すわい》（町《ちょう》）」（近江八幡市）の「すわい」は「すあい」の訛伝。和語の「すあい」は、「牙儈《カガイ》」（中国の仲買商人のこと）と漢字で書くことがあるように、売買の仲介をすることや する人（ブローカー）、仲介料を意味して用いられる。「仲屋」が仲買人の住居を意味していたとすると、それを「すあい（すわい）」と言ったものと考えられる。一種の熟字訓的な用字法と言えるだろう。

「小田《やないだ》」（米原市）地区は、潅漑用水「出雲井」の川筋の最初の分岐点で二つの「井」に分流する、水流の豊かな地である。芭蕉の句「田一枚植ゑて立ち去る柳かな」とあるように田の畔に柳があることは珍しくなく、また川柳や川端柳の語があるように川辺には柳が多いことから、この地が「柳田」（やなぎた→イ音便化して、やないだ）と呼ばれたものと想像がつく。なお、大津市にも、後に「堅田荘」と改称されるが、「柳田荘《やないた》」があった。問題は「小田」と書いて「やないだ」と読む理由である。「小田」という漢字の音訓からは「やなぎ（い）だ」という読みは引き出せない。二つの言葉の結合であろう。「小田」は本来どう読まれたのか。「おだ」「をだ」か「こだ」か。後者なら「子田」であったことも考えられる。「をだ」だと「脈田」、つまり水脈が分流する地を意味したとも、また「おだ（小田）」だと柳田國男が「柳田神社といふのを見ると、或ひは彼の辺に猫の額ほどの名田でもあったのではないかと思う」と述べている（『地名の研究』）のが気になる。「猫の額ほどの田」を「柳田」と言ったか、つまり「小田」である。

（糸井通浩）

明治以降の市町村合併

滋賀県では明治二十二年（一八八九）の大合併で町村数が一六七五から一九五へ、昭和二十八〜三十六年（一九五三〜六一）の大合併で一六〇から六六になり、その後一部の合併を経て直近の平成の大合併により五十市町村から十三市六町へ減少した。

明治二十二年段階で町となったのは、大津・八幡・日野・八日市・彦根・長浜の六町で、いずれも江戸期以来続いてきた町や村の名が元になった。それ以降も水口や草津など二十余りの村が同名のまま町になったが、この時の新しい町名としては、大正期に米原《まいはら》町、昭和初めに信楽町が誕生した。米原は当地の葦原で人が迷う「迷原」や豪族「米原氏」等が、信楽は奈良期の紫香楽村や平安期の信楽荘という地名が元になったとされる。

昭和の大合併前後に新しく誕生した町の名の由来には、以下のようなものがみられる。

①旧国名や郡名によるもの
甲賀町・蒲生町・近江町・浅井町・西浅井町
②郡内での位置や琵琶湖との関係によるもの
栗東町・甲西町・甲南町・愛東町・湖北町・びわ町
③域内の山や河川との関係によるもの
竜王町・山東町・安曇川町
④合併前の二村名の各一文字の合成によるもの
中主町・秦荘町

その他の新しい町では、志賀町と湖東町は従来の組合立中学校名が、高月町は域内最大の大字名が元になり、新旭村は公募によって命名されたという。またマキノ町（現高島市）は、当時すでに有名になっていたマキノスキー場の名が採られた。大阪府内の京阪電車牧野駅との区別化を図り、全国初のカタカナ名自治体とされた。なお京阪電車も、戦前から一九七〇年まで天満橋〜浜大津間の直通特急を運行し、マキノ行スキー船ともつないでいた。

平成十一年（一九九九）七月に改正された「市

町村合併特例法」の下、滋賀県では平成十六〜十八年にかけて近隣の市や町同士が合併し、甲賀《こうか》、野洲、湖南、高島、東近江、米原の六市が新しく誕生した。

このうち甲賀市は、旧甲賀《こうか》郡の水口町、土山町、甲賀《こうか》町、甲南町、信楽町が合併してできた。新市の名は公募による「甲賀《こうか》・甲賀《こうが》・こうか」「鹿深《かふか》・かふか」「畿央《きおう》」「碧水《へきすい》」「南近江」「忍者」の六点九項目の案から合併協議会によって決定された。

湖南市は、元甲賀郡北部の石部・甲西二町が合併してできた。「湖南」は従来からある広域地名で、琵琶湖の南側にある大津市から野洲市付近とその東南部を示す。新市の命名には、その位置が湖南地域の中央部であることが最大限勘案されたようである。

高島市は、旧高島郡マキノ町・今津町・新旭町・安曇川町・高島町・朽木村の合併で発足した。新市の名称は、当初の「西近江市」案に対し、「高島市」への改名書名が一万四千筆も出されたことにより決定されたものである。

東近江市は、八日市市と永源寺・五個荘・愛東・湖東四町が合併、さらに一年後に新市と蒲生・能登川二町が合併してできた。新市の名は当初の合併前の公募で出された「東近江」「神愛」「あかね」「東びわこ」「みどり」の五案から合併協議会での投票で選ばれた。

平成十八年には、長浜市や大津市が隣接する町と合併した。同年愛知郡の北部に当たる秦荘・愛知川二町が合併して愛荘町が生まれた。新町名は旧町名から一文字ずつを採ったもので、合併後の町の庁舎は分庁方式となっている。

また同二十二年になり、長浜市が再び近隣の町と合併した。さらに同年に合併した近江八幡市と安土町は、双方とも重要な歴史的遺産を有し、知名度が高く、住民の愛着も深いことから、新市の名は「近江八幡市」としつつ安土町を冠した地名も残すことにされた。

（岩田　貢）

あとがき

京都の盆地暮らしが、時折息苦しくなるときがある。そんな時、琵琶湖を遠望できる近江の夕景が恋しくなる。車窓の山々に視線をあずけて湖西を走り、西近江で夕景を眺める時間のなんと贅沢なことか。朱に染まる湖面と稜線にしばし時を忘れた経験が幾度もある。喪失を抱えた時にも、近江の夕景はいつも不思議な力を与えてくれた。

このたび、ご縁あって、私たち京都地名研究会に執筆依頼があった時は、近江学の提唱者である木村至宏先生をはじめ、各分野に数多くの碩学がおいでになる中、主に京都をフィールドにしている我々に果たしてこの大役が務まるのか、ためらうことしきりであった。しかし、私たちは、近江が好きで、少なくともその魅力を知っていることに自負はあった。外部の眼差しを持つがゆえに、かえって内部の本質を垣間見ることができる場合がある。そんな言い訳を頼りに執筆をお引き受けした次第である。実際、近江には多様な魅力が詰まっている。調べるほど興味は泉のごとく湧き上がる。琵琶湖だけにとどまらず、四季の移ろいに応じて多様な表情が楽しめる自然、渡来系の人々との交流史、天智天皇の近江大津京、比叡山麓の宗教都市坂本。天下取りを夢見る多くの者たちが、湖辺の城を舞台にして覇権を争い、退場していった。殷賑を極めた大津百町の栄光。近江商人のダイナミズムなど枚挙に暇がない。奈良と大陸を結ぶ回廊であり、京都と地方を往復する際の大動脈の一つでもあった。近江の歴史を喩えるなら、多様な響きが共鳴する交響曲であり、その残響が含まれている近江の地名は、我々に予想以上に豊かで繊細な音色を聴かせてくれた。

地名学は幸か不幸か、未だ独立した学問として認知されずにいる。あるときは歴史学や古典文学研究の空隙を埋める一分野となっても、手段として一顧されるに留まり、地理学においてもこれをまともにとりあげる研究者は少ない。いきおい郷土史家など歴史の愛好者や学習者が、多くこの分野で活動することとなった。本会を立ち上げた吉田金彦顧問は、『万葉集』などを中心に研究を続けてきた国語学者である。地名研究の原点には、語源に対する興味・関心がある。名づけに対する興味は、言葉の原初に迫ろうとする情熱でもある。慣れ親しんでいるがゆえに、日頃何も考えずに接している地名には、人と土地の交渉の歴史が秘められている。知ることは、領ることである。名を知ることが、所有の第一歩である。そして土地に新たな名をつけることで私たちの祖先は彼我を分け、土地と関わってきたのである。地名の声に耳を傾けると、その土地の地理と歴史が、風土と生活を伴って密やかに語られる。ついにはその声を聞き逃してしまうかもしれないが、その難しさゆえに、それを追うことのおもしろさにいつか魅せられる。この本で私たちが提出した名づけの由来について、仮説の域を出ないものが多い。それでも、近江の地名の面白さを多くの方に知っていただける契機になるのであれば、これほどうれしいことはない。

京都地名研究会事務局長　入江成治

主な参考文献

『安土 信長の城と城下町』 滋賀県教育委員会編著 サンライズ出版 2009
『歌ことば歌枕大辞典』 久保田淳・馬場あき子編 角川書店 1999
『歌枕大観校注 近江編』 森本茂 大学堂書店 1984
『歌枕 歌ことば辞典 増訂版』 片桐洋一 笠間書院 1999
『江戸時代図誌17 畿内二』 西川幸治・木村至宏編 筑摩書房 1977
『近江・大津になぜ都は営まれたのか』 大津市歴史博物館編 サンライズ出版 2004
『近江の歌枕紀行』 三品千鶴 白川書院 1977
『近江の川』 近江地方史研究会・木村至宏編 東方出版 1993
『近江の古代を掘る—土に刻まれた歴史—』 大津市歴史博物館編 大津市歴史博物館 1995
『近江の年中行事と民俗』 橋本章 サンライズ出版 2012
『近江の山』 木村至宏篇 京都書院 1988
『近江の山城ベスト50を歩く』 中井均編 サンライズ出版 2006
『近江の歴史と文化』 木村至宏編 思文閣出版 1995
『近江 山の文化史』 木村至宏篇 サンライズ出版 2005
『近江歴史紀行』 琵琶湖放送局編 秋田書店 1975
『大津百町物語』 大津の町家を考える会編 サンライズ出版 1999
『角川日本地名大辞典25 滋賀県』 角川書店 1979
『木地師の習俗Ⅰ』 文化庁文化財保護部編 民俗資料叢書 1968
『君ケ畑の民俗』 菅沼晃次郎 民俗文化研究会 1971
『京都滋賀古代地名を歩く』Ⅰ・Ⅱ 吉田金彦 京都新聞社 1987・1991

『京都の地名検証』1～3　京都地名研究会編　勉誠出版　2005・2007・2010
『古代近江の原風景』　松浦俊和　サンライズ出版　2003
『古代地方木簡の世紀―文字資料からみた古代の近江』　財団法人滋賀県文化財保護協会・滋賀県立安土城考古博物館編　2008
『古代地方木簡の世紀―西河原木簡から見えてくるもの』　滋賀県立安土城考古博物館編　サンライズ出版　2008
『古代地名語源辞典』　楠原佑介他編　東京堂出版　1981
『古代地名の研究事始め』　糸井通浩　清文堂　2019
『古代を考える　近江』　水野正好編　吉川弘文館　1992
『小町伝説の伝承世界』　明川忠夫　勉誠出版　2007
『佐々木京極氏と近江清瀧寺』　西村清雄　サンライズ出版　2015
『滋賀県の歴史　県史25』　畑中誠治他編　山川出版社　1997
『滋賀「地理・地名・地図」の謎』　木村至宏編　実業之日本社　2014
『条里と村落の歴史地理学研究』　金田章裕　大明堂　1985
『庶民からみた湖国の歴史』　苗村和正　文理閣　1977
『図説滋賀県の歴史』　木村至宏編　河出書房新社　1987
『大日本地名辞書』　吉田東伍　富山房刊増補版　1992
『玉造小町子壮衰書』　杤尾武校注　岩波文庫　1991
『地図の風景　京都・滋賀　近畿編Ⅰ』　足利健亮他編　そしえて　1980
『中世の非農業民と天皇』　網野善彦　岩波書店　1984
『地理から見た信長・秀吉・家康の戦略』　足利健亮　吉川弘文館　2015
『定本柳田國男集』第二十巻　柳田國男　筑摩書房　1982
『渡来人』　井上満郎　リブロポート　1987
『日本歌学大系　第壱巻』　佐佐木信綱編　風間書房　1958

『日本図誌大系　近畿Ⅱ』　山口恵一郎他編　朝倉書店　１９７３
『日本地名学を学ぶ人のために』　吉田金彦・糸井通浩編　世界思想社　２００４
『日本地名大事典』上下　吉田茂樹　新人物往来社　２００５
『日本地名ルーツ辞典』　池田光則他監修　創拓社　１９９２
『日本の地名―歴史の中の風土』　松尾俊郎　新人物往来社　１９７６
『日本の地名　60の謎の地名を追って』　筒井功　河出書房新社　２０１１
『日本の神々　神社と聖地5　山城・近江』　谷川健一編　白水社　１９８６
『日本歴史地名大系25　滋賀県の地名』　平凡社　１９９１
『秦荘の歴史』第一巻古代・中世編　秦荘町誌編集委員会編　秦荘町　２００５
『漂泊の山民』　橋本鉄男　白水社　１９９３
『琵琶湖　その呼称の由来』　木村至宏　サンライズ出版　２００１
『ふるさと鳥居本』　ふるさと鳥居本編集委員会編　１９７９
『万葉の歌―人と風土―　8滋賀』　広岡義隆　保育社　１９８６
『湖の城・舟・湊』　太田浩司　サンライズ出版　２０１８
『木簡研究』第一～第四一号　木簡学会編　１９７９～２０１９
『木簡黎明―飛鳥に集ういにしえの文字たち』　奈良文化財研究所飛鳥資料館　２０１０
『ヤマト王権と渡来人』　大橋信弥他編　サンライズ出版　２００５

※古典関係は、主に小学館刊『新編日本古典文学全集』や、岩波書店刊『日本古典文学大系』を参照しました。また、『新修大津市史』（大津市役所・１９７９）はじめ、県内各自治体が作成された市町史（誌）等も参考にさせていただきました。ありがとうございました。

執筆者紹介

明川　忠夫（あけがわ　ただお）

京都地名研究会理事。説話・伝承学会会員。著書に『小町伝説の伝承世界』（勉誠出版）、共著に『秋山郷の民俗』（初芝文庫）、『京都学の企て』（勉誠出版）、『京都地名語源辞典』・『地名が語る京都の歴史』（以上東京堂出版）ほか。

糸井　通浩（いとい　みちひろ）

京都地名研究会前副会長。京都教育大学・龍谷大学名誉教授。著書に『日本語論の構築』・『古代地名の研究事始め』（以上清文堂出版）ほか、共編著に『京都学を楽しむ』（勉誠出版）、『日本地名学を学ぶ人のために』（世界思想社）、『地名が語る京都の歴史』（東京堂出版）ほか。

入江　成治（いりえ　しげはる）

京都地名研究会事務局長。京都精華大学特任教授。共著に『京都の地名検証』1・2・3（勉誠出版）、『京都地名語源辞典』（東京堂出版）ほか。

岩田　貢（いわた　みつぐ）

京都地名研究会理事。龍谷大学名誉教授。共著に『地図でみる京都』（海青社）、『地名が語る京都の歴史』・『京都地名語源辞典』（以上東京堂出版）、『京都府謎解き散歩』（新人物往来社）、『京都学を楽しむ』・『京都学の企て』（以上勉誠出版）ほか。

小寺　慶昭（こてら　よしあき）

京都地名研究会会長。龍谷大学名誉教授。著書に『狛犬学事始』・『京都狛犬巡り』・『大阪狛犬の謎』（以上ナカニシヤ出版）、『京の歴史・文学を歩く』（勉誠出版）、『京都地名語源辞典』・『地名が語る京都の歴史』（以上東京堂出版）ほか。

小西　宏之（こにし　ひろし）

京都地名研究会副会長。大阪ガス定年退職後、修徳自治連合会副会長等を歴任。修徳地名研究会主宰。論文に「中世祇園会御旅所3ケ所仮説」（『地名探究』17号）。共著に『京都の地名検証』2・3（勉誠出版）『京都地名語源辞典』（東京堂出版）ほか。

笹川　博司（ささがわ　ひろじ）
京都地名研究会理事。大阪大谷大学教授。著書に『深山の思想』・『隠遁の憧憬』（以上、和泉書院）、『惟成弁集全釈』・『高光集と多武峯少将物語』『為信集と源氏物語』・『紫式部集全釈』（以上、風間書房）ほか。

清水　弘（しみず　ひろし）
京都地名研究会理事。元京都府立高校教諭・元龍谷大学非常勤講師。
共著に『京都不思議辞典』（新人物往来社）、『京都学の企て』・『京都学を楽しむ』（以上勉誠出版）、『京都地名語源辞典』・『地名が語る京都の歴史』（以上東京堂出版）ほか。

高重　久美（たかしげ　くみ）
京都地名研究会理事。元大阪府立高校教諭・元大阪市立大学非常勤講師。
著書に『和歌六人党とその時代―後朱雀朝歌会を軸として―』（和泉書院）、『能因　コレクション日本歌人選45』（笠間書院）、論文に「歴史学者谷森饒男と芥川龍之介―第一高等学校時代の交友と文学―」『文学史研究』57号（大阪市立大学国語国文学研究会）ほか。

中島　正（なかしま　まさし）
京都地名研究会理事。花園大学非常勤講師。
著書に『古代寺院造営の考古学』（同成社）、共著に『都城―古代日本のシンボリズム』（青木書店）、『仏教文明の転回と表現』（勉誠出版）、『古代の都城と交通』（竹林舎）ほか。

西崎　亨（にしざき　とおる）
京都地名研究会会員。武庫川女子大学名誉教授。元京都女子大学文学部教授。
著書に『東大寺図書館蔵本『法華文句』古点の国語学的研究　本文編』（桜楓社）、『同　研究編』（おうふう）、『高野山西南院蔵訓点資料の研究』（臨川書店）、『倶舎論音義の研究』（思文閣出版）、『日本古辞書を学ぶ人のために』（世界思想社）ほか。

花折峠（大津市） 170
馬場町（大津市） 184
隼人川（甲賀市） 70
飯道山 101
番場（米原市） 167
比叡山 103
東今颪町（大津市） 183
東浦（大津市） 175
東山遺跡（甲賀市） 69
髭茶屋町（大津市） 185
彦根（彦根市） 157
彦根町手（彦根市） 158
日野川 27
打明（長浜市） 198
比良山 105
蛭谷（東近江市） 92
武奈ケ岳 106
古市（郷） 52
綣（栗東市） 195
蓬莱山 106
柞原（甲賀市） 194
北国街道 167
北国海道 169
北国脇往還 169
洞の前（大津市） 73
保良宮（大津市） 71
祝山（長浜市） 194
本町（長浜市） 150
本町（近江八幡市） 156

ま行

升屋町（大津市） 183
的場（大津市） 141
真野（郷） 22
真野（大津市か） 84
三上山 98
三津（大津市） 130
箕作山 139
水口（甲賀市） 162
湊町（大津市） 179
南追分町（大津市） 185
南滋賀廃寺（大津市） 63
峯山 100
三穂ケ崎（大津市） 116
宮津（近江八幡市） 118
宮町遺跡（甲賀市） 69
武佐（近江八幡市） 165
元一里町（大津市） 185
元会所町（大津市） 180
毛枚（甲賀市） 200
守山（守山市） 164
もる山 78

や行

野洲川 28
野洲頓宮（野洲市か） 67
小田（米原市） 201
柳瀬（長浜市） 168
柳町（大津市） 176 181
矢橋（草津市） 161
山本山 100
藺生（高島市） 192
木綿園（守山市） 195
雪野山 115
湯次（長浜市） 196
杠葉尾（東近江市） 197
ゆるぎの森（高島市） 82
八日市（東近江市） 136
横川頓宮（米原市） 67
斧磨（愛荘町） 195
葭原町（大津市） 182
余野（甲賀市） 114

ら行

了徳町（大津市） 182
連着町（彦根市） 158

わ行

若狭街道 170
和邇川 30

下小唐崎町（大津市） 182
下関寺町（大津市） 184
下大門町（大津市） 183
下豊浦（近江八幡市） 118, 152
下野（甲賀市） 114
下平蔵町（大津市） 180
釈迦岳 106
正神町（近江八幡市） 154
常楽寺（近江八幡市） 152
白玉町（大津市） 180
城（大津市） 141
城畔（大津市） 141
甚七町（大津市） 181
新町（近江八幡市） 156
新町（大津市） 176
春照（米原市） 169
崇福寺（大津市） 64
須恵（竜王町） 50
菅江（米原市） 50
鈴鹿峠（甲賀市） 160, 163
相撲（長浜市） 198
摺針峠（彦根市） 166
仲屋（近江八幡市） 200
瀬田川 29
芹川 26
千僧供町（近江八幡市） 115

た行

ダイウス（近江八幡市） 154
太平寺（米原市） 119
太間町（大津市） 176
内裏野（甲賀市） 70
多賀（多賀町） 138
高宮（彦根市） 138
高山（近江八幡市） 152
岳山 100
嶽山 100
田堵野 114
太神山 100
玉屋町（大津市） 182
長光寺山 145
朝鮮人街道 171
勅使（甲賀市） 70
土山（甲賀市） 163
葛籠（甲賀市） 198
椿坂峠（長浜市） 168
鉄砲町（近江八幡市） 154
寺野（甲賀市） 70
天吉寺山 108
東海道 160
東山道 164
とこの山（彦根市） 80
栃生 （高島市） 192
殿町（長浜市） 144
鳥居本（彦根市） 165

な行

中大谷町（大津市） 185
中関寺町（大津市） 184
中山道 164
長浜（長浜市） 144
永原町（近江八幡市） 156
中保町（大津市） 178
中堀町（大津市） 181
長等の山（大津市） 78
鍋屋町（近江八幡市） 154
苗村（竜王町） 49
西今颪町（大津市） 183
西浦（大津市） 175
錦織（大津市） 199
錦部（郷） 52
錦部（郷） 199
苗鹿（大津市） 191

は行

博労町（近江八幡市） 156
橋本町（大津市） 179
八王子山 104
八幡（近江八幡市） 155
服部（守山市） 198
八風街道 170

主計（長浜市） 198
金森（近江八幡市） 152
金屋町（長浜市） 150
上大谷町（大津市） 185
上堅田町（大津市） 180
上片原町（大津市） 184
上小唐崎町（大津市） 182
上関寺町（大津市） 184
上大門町（大津市） 183
上豊浦（近江八幡市） 118, 152
上平蔵町（大津市） 180
蒲生野 32
川尻（近江八幡市） 152
川守（竜王町） 115
川原町手（彦根市） 158
観音寺町（大津市） 183
北追分町（大津市） 185
北大津遺跡（大津市） 37
北土居（長浜市） 144
北保町（大津市） 178
北仰（高島市） 194
繖山 117 149
木之本（長浜市） 168
君ケ畑（東近江市） 92
京町（大津市） 178
清滝（米原市） 120
供御瀬（大津市） 116
草津（草津市） 161
草津川 28
菌（栗東市） 196
郡上（長浜市） 143
朽木（高島市） 120
国友（長浜市） 137
黒津（大津市） 116
桑実寺（近江八幡市） 118
鶏足寺 107
源三谷（近江八幡市） 117
甲賀（郡） 114
甲賀寺跡（甲賀市） 69
甲良（甲良町） 120
小唐崎町（大津市） 176
国分（大津市） 73
後在家町（大津市） 182
御所大平（大津市） 62
御所ノ内（大津市） 62
御代参街道 171
己高山 107
五反田（甲賀市） 114
木津（高島市） 131
破塚（東近江市） 195
小松（大津市） 170

さ行

坂田（郡） 143
坂本（大津市） 141, 174
坂本町（大津市） 176, 180
酒人（甲賀市） 194
佐々木 111
雀部 112
薩摩（彦根市） 136
佐目（多賀町） 137
醒井（米原市） 167
佐和山 140
塩津（長浜市） 127
慈恩寺（近江八幡市） 152
慈恩寺町（近江八幡市） 156
滋賀 13
志賀（郡） 77
志賀高穴穂宮（大津市） 63
信楽（甲賀市） 19, 200
紫香楽宮跡（甲賀市） 37
賤ケ岳 146
志那（草津市） 139
寺内北町（近江八幡市） 156
寺内西町（近江八幡市） 156
四宮町（大津市） 186
清水鼻（東近江市） 118
下大谷町（大津市） 185
下堅田町（大津市） 180
下片原町（大津市） 184

索　引

コラムを除く本文中の太字部分の地名について50音順に作成した。
国名・郡名・山名・河川名等以外で、比較的狭い範囲を示す地名の所在地については、括弧書きで現在の市町名を記した。また、古代の郷、郡についても同様に括弧書きで記した。本書では、遺跡名や神社・寺院名等も地名に準じる扱いをしている。

あ行

饗庭野　33
山女原（甲賀市）　197
浅井（郡）　143
阿閉（長浜市）　192
安土（近江八幡市）　145, 151
安曇（川）　194
安曇（郷）　194
安曇川　31
阿那（郷）　49
穴村（草津市）　50
姉川　25
穴太（大津市）　50
穴太廃寺（大津市）　62
油日（甲賀市）　113
天野川　25
粟津（大津市）　133
禾津頓宮（大津市）　67
伊右衛門屋敷（長浜市）　144
伊香（郡）　143
池田町（近江八幡市）　156
石川町（大津市）　176
石寺（近江八幡市）　118, 149
石寺栢尾（近江八幡市）　118
石部（湖南市）　162
犬上川　26
犬上頓宮（彦根市）　67
伊庭（東近江市）　136
伊吹山　102
今一里町（大津市）　185
今津（高島市）　131
今堀町（大津市）　183
岩尾山　100
上野（甲賀市）　114
魚屋町（長浜市）　150
内殿町（長浜市）　144
打見山　107
瓜籠（近江八幡市）　197
愛知（郡）　56
愛知川　26
愛知川（愛荘町）　165
老蘇（近江八幡市）　149
おいその森（近江八幡市）　81
逢坂（大津市）　76
御馬ヤシキ（大津市）　141
近江　13 75
近江国庁跡（大津市）　72
大津（大津市）　126, 175
大床（高島市）　194
大津廃寺（大津市）　63
大手土居（長浜市）　144
大手町（長浜市）　150
大友（郷）　52
隠岐（甲賀市）　114
小椋谷（東近江市）　92
御蔵町（大津市）　179
小谷山　144
小野（大津市）　91
小野町（彦根市）　86

か行

鏡（竜王町）　49
鍛冶屋敷遺跡（甲賀市）　69
鍛冶屋町（長浜市）　150
柏原（米原市）　119

京都地名研究会とは

京都地名研究会は、京都を中心に、地名について、広い見地から多角的に調査・研究し、伝統文化財として の地名を正しく理解し、これを広め、国土を愛する心を育むことを目的として、平成14年(2002) 4月に発足しました。

年に4回の講演会や地名フォーラムを持ち、会誌『地名探究』・機関紙「都芸泥布《つぎねふ》」を発刊してきました。また、『京都の地名検証』 1・2・3(勉誠出版)も刊行しました。

2018年4月から13か月間、京都と滋賀の地名を採り上げた「地名ものがたり」を京都新聞の朝刊一面に連載し、好評をいただきました。

詳しくはホームページ(「kyotochimei」で検索)をご覧ください。

近江の地名 その由来と変遷　　淡海《おうみ》文庫66

2020年6月30日　初版第1刷発行　　N.D.C.914
2020年9月5日　2版第1刷発行

編　者　京都地名研究会

発行者　岩根　順子

発行所　サンライズ出版株式会社
〒522-0004 滋賀県彦根市鳥居本町655-1
電話 0749-22-0627　FAX 0749-23-7720

印刷・製本　サンライズ出版株式会社

ISBN978-4-88325-198-8　Printed in Japan　定価はカバーに表示しています。
乱丁・落丁本はお取り替えいたします。

淡海《おうみ》文庫について

「近江《おうみ》」とは大和の都に近い大きな淡水の海という意味の「近淡海《ちかつあふみ》」から転化したもので、その名称は『古事記』にみられます。今、私たちの住むこの土地の文化を語るとき、「近江」でなく、「淡海《おうみ》」の文化を考えようとする機運があります。

これは、まさに滋賀の熱きメッセージを自分の言葉で語りかけようとするものであると思います。

豊かな自然の中での生活、先人たちが築いてきた質の高い伝統や文化を、今の時代に生きるわたしたちの言葉で語り、新しい価値を生み出し、次の世代へ引き継いでいくことを目指し、感動を形に、そして、さらに新たな感動を創りだしていくことを目的として「淡海文庫」の刊行を企画しました。

自然の恵みに感謝し、築き上げられてきた歴史や伝統文化をみつめつつ、今日の湖国を考え、新しい明日の文化を創るための展開が生まれることを願って一冊一冊を丹念に編んでいきたいと思います。

一九九四年四月一日